ESSAIS HISTORIQUES
SUR
LA VIE
DE
MARIE-ANTOINETTE D'AUTRICHE,
REINE DE FRANCE;

POUR SERVIR A L'HISTOIRE DE CETTE PRINCESSE.

SECONDE PARTIE.

A LONDRES.

1789.

ESSAIS HISTORIQUES
SUR
LA VIE
DE
MARIE-ANTOINETTE D'AUTRICHE,
REINE DE FRANCE,
POUR SERVIR A L'HISTOIRE DE CETTE PRINCESSE.

Dùm vitant stulti vitia, in contraria currunt.
Horat. Sal. 2.

CHAPITRE PREMIER.

Introduction aux nouveaux événements de ma vie (1).

TOUT l'univers a maintenant les yeux fixés sur moi. Tel est le sort des grands. Comptables de leurs actions envers la multitude, la prudence & la sagesse

(1) Depuis l'année 1781.

doivent en former la marche ; malheur à celui ou celle qui, négligeant la pratique de ses vertus, se voue à l'exécration publique, & n'a d'autre partage à espérer que la haine & les vœux de l'indignation. Les cris de la douleur retentissent à mes oreilles ; ma mort est l'objet des desirs d'un peuple entier, que j'opprimai avec la plus grande barbarie ; les étrangers même ne prononcent mon nom qu'avec horreur ; l'image du désespoir est par-tout sous mes yeux : voilà mon sort, ah ! je l'ai bien mérité.

Un époux indignement offensé ; des enfants à qui la voix publique apprend la défectuosité de leur naissance, en leur en reprochant la honte ; un Royaume bouleversé, des Ministres persécutés ; une Nation en proie au brigandage ; les Trésors publics pillés ; des princes séduits ; la confiance trahie ; le spectacle déchirant des Citoyens inhumainement massacrés ; le monstrueux assemblage des vices affreux & des crimes exécrables ; Antoinette, voilà ton ouvrage & les vertus que tu portes sur le Trône.

O ma mere ! vous l'aviez bien prévu. A l'époque de ma naissance, le poison de la haine circulait dans votre sein, vous abhorriez le sang Français ; & en voyant les vices dont j'infectai ces climats, se développer avec l'âge, vous jouissiez intérieurement du barbare plaisir de la vengeance.

Les annales de votre regne ont abusé la postérité sur le compte de vos vertus. Le nom de Marie-Thérese se prononçait avec respect & vénération ; le culte religieux que vous rendiez à l'Eternel (1), excitait l'admiration ; & l'ignorance germanique, captivée par une erreur fanatique, une grossiere superstition, se prosternait devant le masque imposteur dont vous couvriez vos projets de destruction.

Vous emportâtes dans la tombe le doux espoir que je réaliserais un jour votre horrible spéculation ; je l'ai rempli au-delà de vos vœux. Fille du crime, je viens de l'enfanter à mon tour. Je suis un monstre exécré de la nature entiere ; & à telle place que l'Etre suprême vous ait fait asseoir, jouissez ma mere, jouissez du fruit de mes travaux criminels.

J'ai tout fait, tout hasardé pour alimenter l'ambition & la cupidité de mon frere, votre successeur. Ah ! qu'il doit s'applaudir d'avoir retrouvé son ame dans la mienne, & l'imitatrice de ses désordres sur le Trône de France ! La chaîne du crime nous unit ; nos cœurs sont dignes l'un de l'autre.

Dès mes tendres années, j'annonçai ce que je devais être un jour. Comment la politique Française a-t-elle pu s'y tromper ? Comment a-t-elle pu se résoudre à adopter pour sa future Reine, une femme déjà flétrie ayant fait le sacrifice de son innocence

---

(1) Marie-Thérese, Reine de Hongrie, a étonné toute la terre par son zele affecté pour la religion. Le bigotisme a été la manie de son regne. C'est pourtant cette Impératrice qui enchantait son Peuple par l'apparence des vertus, qui dit, en envoyant Marie-Antoinette en France : *Combien je me venge de cette Nation, en lui donnant un pareil monstre !*

& de sa pureté, le cœur gangrené de désordres, & dont la réputation équivoque lui devait à jamais fermer toute issue au rang illustre qu'elle occupe ?

Catherine de Médicis, Cléopâtre, Agrippine, Messaline, mes forfaits surpassent les vôtres ; & si le souvenir de vos infâmes horreurs excite encore le frémissement ; si son affreux détail fait dresser les cheveux, & verser des larmes, quels sentiments naîtront à la connaissance de la vie cruelle & lubrique de Marie-Antoinette d'Autriche, & quelles furies pourront lui être comparées ?

Reine barbare, épouse adultere, femme sans mœurs, souillée de crimes & de débauches, voilà les titres qui me décorent. Ils ne me sont point prodigués par la méchanceté, l'équité me les décerne ; sans doute ils orneront un jour mon buste ; & placé au temple de l'immortalité, l'univers apprendra par lui quel était le monstre infâme qui désola la France au dix-huitieme siecle : & la révélation de mes fureurs atroces, attestées par la vérité, sçaura le convaincre de la possibilité de mon horrible existence.

Sans pitié pour les malheureux, jamais la misere publique ne fit naître en moi la compassion. Inclination farouche, dissipation portée à l'excès, mettant le frivolisme au rang des plus graves occupations, l'indécence, le libertinage caractériserent les premieres années d'un Hymen formé sous les plus fâcheux auspices. La premiere partie de ma vie forme le détail des diverses gradations de mes penchants ; la seconde confirmera le peu d'espoir que j'ai toujours donné à la Nation, d'un retour à la ve[illegible] je ferai quelquefois obligée de revenir fus mes pas, mais je ne veux rien paffer fous filence. Lifez, & frémiffez.

CHAPITRE II.

Origine des défordres auxquels je me livrai; ils font portés à l'extrême. Goût décidé pour les fpectacles nocturnes.

A mon arrivée en France, Paris & la Cour offraient le fpectacle du luxe le plus effrayant pour toute autre que pour moi. Coquette vive & paffionnée, je m'y livrai fans réferves, & bientôt d'énormes dépenfes préfagerent au petit nombre des perfonnes fenfées du Royaume, que la continuation d'un excès femblable, entraînerait infailliblement la ruine générale.

Le Grand-Papa (1) n'était plus, à proprement parler, qu'une machine dont la Trigaude & fale Dubarry faifait mouvoir tous les refforts, & qui n'agiffait que par l'infpiration de cette créature débordée. Richelieu, ce fardanapale, infecté des incom-

(1) C'était ainfi que Marie-Antoinette furnommait Louis XV.

modités d'un dégoûtant libertinage, préſidait aux plaiſirs de la Cour. Agent ſecret des orgies ſcandaleuſes de ſon Maître & de ſon Roi, il profitait de l'humiliante léthargie de ce Monarque engourdi par la crapule, pour dicter & faire exécuter des loix dures & tyranniques.

Mon auguſte époux gémiſſant de ce révoltant abus, rebuté du peu de fruit de ſes ſages exhortations, venait de faire divorce avec les imitateurs de la conduite de Louis XV.

Mon très-cher frere cadet, aujourd'hui *Monſieur*, dans la décadence de la monarchie, ne prenait conſeil que de ſon égoïſme & de ſon intempérance.

Le Comte d'Artois que je dédaignai d'abord, & qui, par une biſarrerie aſſez ordinaire à mon ſexe, devint dans la ſuite mon favori, mon amant, mettait toute ſa gloire à s'avouer le Coriphée des diſſolus de la Cour.

Les catins célebres étaient ſes très-cheres dulcinées. Sans choix, ſans diſtinction, ce jeune Sultan mépriſé dans ſon propre ſérail par les eſclaves vils & rampants de ſes plaiſirs obſcènes, jettait honteuſement le mouchoir à la plus déréglée de ces laïs.

Dans ce tourbillon d'égarements, de folies & de ridicules, une belle femme, un beau cheval ſollicitaient les places, les récompenſes, diſtribuaient les gouvernements, & l'engouement étoit devenu ſi fort, l'épidémie ſi générale, que quiconque aurait oſé trouver des défauts à l'excellent Coureur & à la Haquenée favorite du Comte d'Artois, il eût été ſûr d'êêtre envoyé, par le Sartine, à la Bastille, comme criminel d'Etat; on ne pouvait cependant guere s'entretenir que de ces puérilités, puisque l'Etat alors en était un assemblage parfait.

Le d'Aiguillon s'occupait de vexations & de tyrannies, qu'en tout autre temps il eût payé de sa tête; mais le Grand-Papa pouvait-il refuser sa protection auprès du Parlement, à ce Duc concussionnaire, d'après les ordres absolus de sa favorite qui voulait se le conserver?

L'Abbé Terray volait la France; car de tout temps ces places de Contrôleurs ont été des amorces à frippons, & depuis cet escroc en soutanne, celui qui a rempli le plus dignement les fonctions est celui, qui, par une retraite honorable n'a pas laissé à cet appas séduisant le temps de faire son effet (1).

Dubarry le Roué, maquerellait à droite & à gauche, & vendait lâchement ses services à la Cour à ceux qui avaient la bassesse d'intercéder son appui.

Meaupou le scélérat, dominait généralement; rien ne lui résistait; & trop sûr de la clique méprisable des vils gredins dont il forma un Parlement à la hâte, il était parvenu à ne plus trouver d'obstacles à ses abominables entreprises.

Condé, Conty, Bourbon, & en général la sequelle régnante des Pairs du Royaume de temps à autre pa-

(1) M. Turgot, dont la sage administration n'a point assez duré.

raiſſaient ſe déclarer les protecteurs du Peuple ; mais une Lettre de cachet émanée du ſublime Boudoir de la Dubarry qui les négociait, & reçue à genoux par le bas & odieux Phélipeaux, Comte de Saint-Florentin, faiſait rentrer le Prince ſoi-diſant patriote dans ſon devoir qui venait après un court exil baiſer humblement la main de cette idole abjecte des courtiſans.

La Marquiſe de Langeac dont je parlerai plus amplement par la ſuite papillonnait effrontément dans cette nouvelle Babylone, & la prude de Lamballe, dégoûtée des ſuites d'un funeſte hymen, commençait en ce temps à arborer l'étendart de la dévotion.

C'eſt au milieu de cette pétaudiere que j'arrivai, enchantée d'être délivrée du joug où m'aſſerviſſait une mere ennuyeuſe, & le cœur pénétré des avis ſecrets que j'avais reçu de mon cher frere Joſeph, au moment de mon départ.

Un air vif & décidé, des yeux paſſablement libertins ; une indécente gayeté enchanterent à ma vue le Grand-Papa. La Ducheſſe *du moment* en conçut de l'ombrage ; pendant quelque-temps, je fus un vrai trouble ménage ; le Roi ſe laiſſait bêtement mener par le nez ; & malgré l'extrême diſtance qui me ſéparait de ſa maîtreſſe, j'aurais tôt ou tard terminé par être la victime de mes tracaſſeries, & des plaiſanteries ſans nombre dont j'aſſaillais cette miſérable proſtituée.

Je changeai donc de plan, & celui que j'adoptai de nouveau me réuſſit à merveilles. Je flattai ſervilement les goûts d'une femme que je déteſtais. Je devins la compagne chérie de ſes excès, en attendant le terme heureux où je dominerais à mon tour, & pourrais l'écraſer ſans pitié, ce qui ne pouvait tarder d'arriver, vû la débauche ou ſe plongeait le Grand-Papa, & le funeſte poiſon qui commençait à germer dans ſon ſein.

Il vint enfin cet inſtant deſiré. Louis XV mourut au milieu des imprécations de ſon Peuple qui avait gémi ſous l'oppreſſion pendant les dernieres années de ſon regne. L'inquiſition miniſtérielle ne put arrêter le cours des ſarcaſmes (1) qui ſe débitaient ſur la mort de ce Roi, & l'eſpoir jamais déçu des vertus de mon époux, ſa candeur, ſes bontés, ſes réſolutions généreuſes ne purent empêcher le Français de ſe livrer à la joie que lui donnait la perte de ſon Roi, & d'outrager ſa mémoire.

---

(1) Dans la quantité des différentes épitaphes & épigrammes qui furent faites ſur la mort de Louis XV, on diſtingue celles-ci.

» Ci-gît Louis, ce pauvre Roi.
» On dit qu'il fut bon, mais à quoi ?

ÉPIGRAMME.

» L'embaumer ſerait néceſſaire,
» D'une charogne il a l'odeur ;
» Mais l'ouvrir, bon. Eh ! pourquoi faire ?
» Sûr de n'y pas trouver de cœur.

Pendant cet intervalle, j'avais pratiqué la petite Langeac, & certain penchant que je reconnus en elle ; penchant auquel je m'étais livrée avec ardeur à la Cour d'Allemagne, me la fit rechercher ; langage des yeux, soupirs étouffés, palpitation de cœur, tout nous mit bientôt au fait des sentiments que nous éprouvions l'une pour l'autre ; nous nous expliquâmes & nous conclûmes.

Inséparables alors, nos plaisirs devinrent les mêmes ; sa réputation devait naturellement s'opposer à cette intime fréquentation, elle blessait la Majesté Royale ; aussi mon époux sévere sur l'article des mœurs débuta-t-il, pour la faire cesser, par de tendres reproches, qui rejettés avec hauteur m'attirerent de sa part une défense formelle ; ce ne fut donc plus qu'à l'ombre du plus grand mystere que je continuai à me livrer avec transport aux caresses animées de l'objet de mon amour.

Ayant intention de parcourir les différentes époques de ma vie où j'ai donné des preuves signalées de la plus complette dépravation, sans répéter ce que l'Historien qui m'a prévenu en a publié, je passe à l'année mil sept cent soixante quinze, où la Cour fit le voyage de Rheims pour le sacre de mon illustre époux, & où de nouveaux plaisirs m'appellaient.

Les embarras d'une Monarchie épuisée captivaient tous les instants de Louis XVI. Je ne m'occupai pas de ces Nobles & utiles travaux. Je n'y intriguai adroitement, que pour me débarrasser des ennemis que mes hauteurs m'avaient suggérés. J'y parvins, en profitant de l'amour que le Roi me témoignait, amour pur, sincere, dont j'ai si souvent & si cruellement abusé.

Nous partons pour assister à la plus auguste des cérémonies. La surveille de ce départ mon époux, les larmes aux yeux, m'engagea à ne plus donner lieu aux reproches que mon inconduite & ma légéreté lui avaient plusieurs fois arraché : Je lui fis cette promesse en l'embrassant. Baiser perfide, mensonge atroce, ma bouche le prononçait. La vérité, la tendresse semblaient me le dicter, & mon cœur peu d'accord avec mes levres en démentait l'assurance.

Les coffres dégarnis par les immenses & folles prodigalités de Louis XV, par les vols de ses Ministres, les manœuvres criminelles de l'agiotage devaient proscrire toute la pompe superflue de cette fête solemnelle; cependant je renchéris sur celle indispensable. Malgré les remontrances économiques d'un mari tendre & sensible, plus occupé de la félicité publique, que d'afficher un luxe inutile, je joignis aux magnifiques équipages qui m'étaient destinés, les parures les plus rares & les plus recherchées; je rançonnai les gens d'affaires, & je contractai dès-lors un infamant traité avec l'usure.

J'avillis ainsi la Majesté Royale, j'en prophanai toute la dignité, & je commençai à me déshonorer aux yeux de la Nation, en traitant avec ses tyrans, qui, par cette affreuse complaisance, acheterent de moi le droit infernal de spéculer la ruine générale.

.. Lorsque j'eus trouvé ce moyen secret de mettre

en défaut ce que je nommais l'avarice de mon époux, & qui n'était au fait qu'une ſage provoyance & bien néceſſaire pour réparer les déſordres de la finance, je ceſſai de m'alarmer ſur les privations dont je preſſentais l'approche, & ma Cour, totalement ſéparée de celle du Roi, dont la ſolitude & la raiſon m'effrayaient, devint le Panthéon des plaiſirs de toute eſpece. J'en bannis la vieilleſſe fâcheuſe, & n'y admis que les Céladons de la Cour, les femmes galantes & diffamées; j'en proſcrivis ſans rappel les ridicules préjugés de la ſageſſe, & me regardai moins comme l'Auguſte Reine d'un Peuple aimable, que comme Vénus au milieu de ſes adorateurs. Mon mari ſe délaſſant des travaux royaux, en s'occupant de la ferrurerie, m'avait fait prendre pluſieurs fois l'indécente liberté de le traiter de *Vulcain*. Je continuai, & voulant en tout reſſembler à l'impudique Déeſſe dont ce Dieu de la Fable était l'époux, je ſongeai à me choiſir un *adonis*, & le jeune & charmant Duc de Coigny fut le mortel heureux que j'aſſociai au Monarque Français.

Tel était l'état de mon cœur & ma délicateſſe lors du voyage de Rheims. Juſqu'à ce temps une ſorte de myſtere, avait dirigé mes démarches & mes adulteres amours, j'en craignais la publicité. A Verſailles, me dérobant aux regards avides & curieux des oiſifs de la Cour, c'était dans les plus ſecrets aſyles que ſe paſſaient ces actes révoltants, & que je conſommais l'opprobre de l'hymen. Je regardai bientôt cette contrainte comme abſolument au-deſſous de moi; je rougis de m'y être asservie si long-temps, & j'arborai à Rheims l'étendart de la licence la plus effrénée.

La promenade enchanteresse de la Porte-Neuve de cette Ville, me fournit le moyen de satisfaire mes luxurieux desirs. L'Isle d'Amour, qui la borne auprès de la riviere, me parut en effet le séjour préféré de ce Dieu charmant, & je résolus de lui offrir quelques sacrifices.

Ce coupable projet exécuté presqu'aussi-tôt que conçu, eut lieu le 9 Juin 1775, à la suite d'un brillant soupé que je donnai dans cette même promenade, & auquel le Roi, fatigué des exercices cérémonieux de cette journée, ne voulut point assister. Les ennuyeux étaient relégués auprès de Sa Majesté : tout favorisait mes vues, & les outrages que je voulais accumuler sur sa tête.

Je me débarrassai facilement des importuns, en bannissant l'étiquette pour cette soirée que je voulais rendre délicieuse. J'avais bu passablement, c'est-à-dire en franche & loyale Allemande. Echauffée par les liqueurs, je courus échevelée dans les bosquets, ne ressemblant pas mal à une Bacchante; chacun suivit mon exemple, & à un signal de ma part, les confidents intimes de mes desseins secrets éteignirent toutes leurs lumieres. Les assistants furent cernés, renvoyés; la liberté présida à cette Bacchanale, & nous imitâmes les Prêtresses de Bacchus & de Priape, dans leurs honteuses réunions.

O nuit! à quelles horreurs tu prêtas ton ministere! Il faut être moi, pour les tracer sans rougir.

Mais eſt-ce la premiere fois que j'ai dompté les ſcrupules ? Non, ſans doute. J'ai promis de ne rien laiſſer ignorer; peu m'importe le jugement qu'on portera de ma franchiſe, j'ai perdu tous droits à l'eſtime publique.

Après avoir erré au haſard, l'eſpace de quelques minutes, je me ſentis embraſſer étroitement; je gliſſai légérement ſur le gazon, & me livrai à ma bonne fortune; je n'eus pas lieu de me repentir de ma réſignation. Si mon athlete était un Prince, en cette occaſion il ſe comporta en Hercule, & me fit preſque abjurer la pratique des plaiſirs que j'éprouvais avec la Langeac, & dont elle avait tant de fois prolongé l'ivreſſe.

Le fait eſt que j'ignore encore à qui je dois l'emploi des deux heures que je paſſai dans l'Iſle d'Amour; mais au milieu des troubles & des regrets qui m'environnent, j'y penſe avec raviſſement, & ce reſſouvenir agréable me plonge dans un extaſe qui tient du délire.

Le lendemain j'eus à eſſuyer la plus longue & la plus ennuyeuſe mercuriale; ma vertu ne fut point ſuſpectée, mais le Roi traita ma conduite de légere & inconſéquente, & termina ce ſermon ſi déſagréable à entendre pour moi, par l'expreſſe interdiction de l'endroit où j'avais joui des délices inexprimables.

L'ennui me gagna, d'après cette défenſe; en vain les cérémonies pompeuſes & futiles du ſacre occuperent mes inſtants; mon corps était à la Cathédrale de Reims, mais mon cœur & mon eſprit étaient

aux

aux charmants bosquets de sa promenade.

Quoique le Roi m'intéressât peu, je n'en fus pas moins révoltée de l'orgueil Ecclésiastique dans cette ridicule journée. Les génuflexions réitérées que ces Dépositaires sacrés de la Sainte Ampoule firent faire à mon époux, me parurent basses, humiliantes, & dégrader la Majesté suprême. Leurs pasquinades & leurs singeries me firent rire aux larmes. J'interceptai un regard d'indignation du gros prieur de Saint-Remi; mais je n'en restai pas moins convaincue que les Rois de France s'avilissaient, en se soumettant aussi ridiculement, & que l'abolition de cette farce devrait être un des premiers actes de la puissance législative.

La Cour revint à Paris; la saison étoit belle; mon tempérament pressentit les avantages qu'il pouvait en retirer. Mon cher beau-frere, le Comte d'Artois, me faisait une cour assidue, sans cependant se déclarer sur la nature des sentiments que je lui avais inspirés.

En ce tems la grosse Montensier, Directrice des Spectacles de Versailles, obérée par des dettes immenses, formait le plan d'une banqueroute frauduleuse. J'aimais cette femme qui se prêtait volontiers à mes caprices; je la débarrassai de ce labyrinthe, & payai ses dettes.

Je pris goût à ce Spectacle. Les Pantins qui le forment, se donnerent la peine de charger leur mémoire des Comédies obscenes de Collé & de Ferrand. J'y allai nocturnement avec mon beau-frere, lorſque le Roi, impatienté de mes fréquentes diſparutions, me joua un tour ſanglant, qui me rendit pour quelque temps la fable & la riſée de toute la Cour.

Je revenais, ſuivant ma coutume, d'une de ces repréſentations libertines, dans le déshabillé le plus immodeſte. Mon galant beau-frere avait été le conducteur de ma légere voiture, lorſqu'arrivés à la grille, la Sentinelle m'en refuſa l'entrée. Je me nommai d'abord avec fierté. Un *le Roi l'a expreſſément défendu, & a donné lui-même la conſigne;* ce fut la ſeule réponſe que j'obtins de ce factionnaire. J'eus beau inſiſter, deſcendre même juſqu'à la priere, ni les menaces, ni les prieres ne purent l'ébranler. Le beau-frere jurait avec toute l'énergie qu'on lui connaît; imprécations inutiles. Je fus obligée de regagner triſtement, avec mon compagnon de diſgrace, le théâtre de la Montenſier, d'où, par la galerie attenante au Château, je pénétrai dans mon appartement, où, pour comble d'infortune, je ne pus me coucher qu'à l'aide d'une lumiere obtenue par grace dans la ſalle des Gardes.

Mille projets de vengeance me roulerent dans la tête, & je m'arrêtai à celui de continuer mes diſſolutions. Je pris plaiſir à cette idée qui ſatisfaiſait à la fois mes ſens & mon amour-propre humilié. Je m'endormis, en remettant l'exécution à toutes les occaſions que j'en pourrais trouver.

CHAPITRE III.

Naissance de nouvelles amours. Courses clandestines. Pari singulier.

La dissimulation profonde & réfléchie, qui a toujours fait la base de mon caractere, devait naturellement m'engager à m'en tenir à mon projet de vengeance, & à ne pas m'emporter en reproches sur l'aventure de la nuit. Plusieurs considérations devaient me le conseiller; mais l'espece d'ascendant qu'en différentes occasions j'avais pris sur l'esprit du Roi, me fit aller au-devant des justes plaintes qu'il était en droit de me faire; & suivant ma coutume, bravant l'étiquette, je me présentai à son lever.

Les yeux battus, plus des fatigues de la nuit que de ma douleur, je me plaignis vivement de l'irréguliere consigne donnée aux grilles du Château, & je demandai à mon époux, assez indécemment, si je devais être, ou prisonniere dans mon propre Palais, ou me trouver exposeée au désagrément de n'y pouvoir rentrer à ma volonté. Le Roi sourit dédaigneusement à ce propos peu respectueux, & me repliqua sur le ton d'un Bourgeois absolu, qu'il était le maître, & que lui couché, il prétendait absolument que tout le monde le fût chez lui. Je voulus répondre, mais il me tourna le dos, & ce fut tout le fruit que je recueillis de ma ridicule incartade.

L'orage se détourna; mais ne pouvant plus courir la nuit, je me déterminai à jetter les yeux sur mon beau-frere le cher d'Artois, qui, compagnon de ma disgrace, ne demandait pas mieux que d'être le coopérateur de ma vengeance.

Je dois cependant avouer, qu'au fait, c'était moins par inclination que par haine & coquetterie, que je fis des avances au jeune Comte. Je haïssais mortellement sa *pigrieche* épouse; pouvais-je lui en donner un témoignage plus convaincant, qu'en débauchant son mari, qui ne l'accablait jamais de procédés plus révoltants qu'alors que quelques intrigues lui faisaient faire faux bond à la fidélité conjugale?

Je confesse de même au sujet de cette haine, que je la partageais cordialement entre elle & *Madame*; que j'éprouvais un plaisir singulier à les humilier l'une & l'autre; que je détestais *Monsieur*; mais que nonobstant mon anthipatie pour lui, si je l'avais connu un *homme à femme*, j'aurais tout tenté pour le séduire, en triompher, & satisfaire ainsi mes ressentiments secrets.

Au défaut de ce moyen, les tracasseries m'en fournirent d'autres; mais malgré les occupations qu'elles me donnaient, je ne perdis point de vue le desir d'être à la fois la belle-sœur & l'amante du Comte d'Artois.

Quelques agaceries le mirent bientôt au fait de mes intentions, & ce langage était peu difficile à entendre pour un libertin aussi expert.

Les différents voyages que j'avais faits à Cythere

avec différentes perſonnes de la Cour, m'auraient à peu-près dégoutée d'y retourner ſans cette nouvelle connaiſſance. Le reſpect affaibliſſait les tranſports des amants que j'avais eu juſqu'alors. Avec eux, j'avais beau dépouiller toutes les apparences de la Majeſté, choiſir les endroits les plus écartés, m'expoſer à leurs yeux dans l'état de ſimple nature, provoquer leurs embraſſements par les attouchements les plus expreſſifs, les poſtures les plus laſcives, les regards les plus paſſionnés, enfin tout le délire & l'ivreſſe que me faiſait éprouver la fougue de mes ſens, l'idée de ſe trouver dans les bras de leur Reine, les glaçait apparemment : je n'en tirais rien, ou peu de choſe. Ce n'était qu'après avoir épuiſé toutes les reſſources de l'art lubrique des plus fameuſes courtiſannes, que j'en obtenais à peine un faible hommage. Je n'avais cependant jamais choiſi qu'en parfaite connaiſſeuſe, & les noms de *Coigni*, *Dillon & Vaudreuil* devraient être autant de garants qu'une molleſſe auſſi extraordinaire était peu ſoupçonnable dans des êtres d'auſſi vigoureuſe apparence.

D'Artois moins inquiet ſur les dangers de la liaiſon, s'y livra tout entier. Depuis long-temps je n'avais point pratiqué ces différentes *poſitions* qui conduiſent par dégrés à la volupté, j'en avais perdu l'habitude, & malgré mes connaiſſances étendues ſur ce chapitre, dans ces ſéances, je fus obligée de recommencer un noviciat, & les découvertes nouvelles que je fis me forcerent de convenir de mon peu d'expérience.

A la Cour de Vienne, un Officier Allemand m'avait donné les premieres inſtructions de ces gradations charmantes ; mais que j'étais éloignée de la perfection : je la trouvai dans les bras de mon nouvel adorateur, & la multiplicité des plaiſirs délicieux qu'il me fit éprouver, m'attacherent à lui juſqu'à la fureur.

Je gliſſerai rapidement ſur la naiſſance de mes enfants. La France en a fêté l'avénement ; le vulgaire en félicitait mon époux ; mais les clairvoyants ſçavaient à quoi s'en tenir. Le Monarque recevait complaiſamment les vœux qui lui étaient adreſſés à ce ſujet, tandis que de temps à autres, les railleurs s'exerçaient ſur cette matiere plus que ſuffiſante pour produire les ſarcaſmes les plus piquants. Pluſieurs me parvinrent & en attendant qu'il s'en faſſe une collection, je cite celui-ci.

COUPLET.

Air : *de Joconde.*

AMIS, la nouvelle du jour
Se débite à cette heure ;
Un Dauphin paraît à la Cour,
Si je ments que je meure.
Si Louis paraît vigoureux
Ce n'eſt pas de la ſorte,
D'Artois a fait ce coup heureux,
Ou le diable m'emporte.

A cet échantillon, des gentilléſſes des beaux eſprits Français ; il eſt facile de juger que j'étais peu ménagée dans le public, mais c'était la plus légere de mes inquiétudes, & j'ai toujours été de la plus grande indifférence ſur tout ce qui s'eſt débité à mon égard, je n'ai qu'un regret, c'eſt celui de n'avoir pas fourni une matiere plus abondante à la quantité d'épigrammes, que la multitude fit en ce temps pleuvoir ſur moi.

Pour tenir perpétuellement d'Artois enchaîné à mon char, je profitai de ſes précieuſes leçons au point de le ſurpaſſer ; ſon inconſtance naturelle l'emporta cependant ſur mes complaiſances infinies, il ne m'abandonna pas ; il me négligea & pour ne le pas perdre entiérement, je fus obligée de condeſcendre à le laiſſer jouir d'autres plaiſirs, & de paraître même y prendre part.

Les jeunes Seigneurs de la Cour, à la tête deſquels étoient mon cher Comte & le Duc de Chartres actuellement Duc d'Orléans, avoient rapporté des voyages qu'ils avoient faits une ample profuſion de vices & de ridicules ; les coutumes, les mœurs, les modes & les plaiſirs d'Angleterre les avoient ſéduits de telle maniere qu'en peu de temps tout fut Anglais en ce Royaume, le Roi & le ſtupide *Monſieur*, reſterent ſeuls Français.

Chaque jour, de nouvelles courſes de chevaux faiſoient déſerter les Ouvriers de leurs atteliers ; de la vigueur & de l'intrépidité des hardis *Jokeits*, dépendait l'altération des fortunes, & ces parties ruineuſes donnerent plus de gloire à deux Princes du ſang Royal, que leurs fameux exploits, tant à Gibraltar qu'à l'affaire d'Ou.......

Vêtue en Amazone, j'étais l'ame de ces divertiſſements qui favoriſent les miens, la courſe finie la foule des courtiſants s'éclipſait. Je partais comme l'éclair & je me rendais à Trianon, où bientôt rejointe, je me livrais avec mon tendre beau-frere, à toutes les fantaiſies libertines que notre imagination de feu nous ſuggérait.

En quelqu'endroit qu'il ſoit, qu'il ne s'imagine cependant pas que dans ce temps, il occupait ſeul ma penſée. Avec lui je jouiſſais de toute la ſolidité du plaiſir; mais j'en ſavourais l'eſſence avec des compagnes que je lui aſſociais. La Demoiſelle *Dorvat*, une de mes femmes, après avoir gagné ma confiance, était parvenue à fixer mes regards. Son intéreſſante phiſionomie excita mes deſirs, bientôt je ne pus réſiſter à leur impulſion, je deſcendis juſqu'à elle, & ſoit crainte ou complaiſance, je fus ſatisfaite.

C'eſt de cette façon que nuançant le plaiſir auquel mon tempérament m'invitait à chaque inſtant, je ne riſquais pas de l'émouſſer, & je faiſais conſtamment uſage du privilege que la nature m'avait accordée d'être également ſenſible aux careſſes des deux ſexes.

A la ſeule vue d'un bel homme, d'une belle femme, mes yeux s'enflammaient, ma figure s'animait, l'expreſſion de la jouiſſance s'y peignait. A peine pouvais-je diſſimuler la violence de mes deſirs & jamais aucuns de ces objets convoités par ma paillardise, n'échapperent aux soins & aux intrigues que je savais nouer pour les attirer dans le filet qui leur était tendu par ma luxure.

Pour me dérober aux regards intéressés à épier mes aventures amoureuses, j'avais de fréquentes indispositions de commande, alors je feignais un besoin de solitude à la faveur duquel, sans suite, je m'échappais du tourbillon pour voler dans les différents temples de l'amour, que j'avais en ma puissance, méditer sur les Mysteres de ce Dieu, seul culte que j'aie jamais connu, & continuer mes affreux déréglements.

Mon cher d'Artois n'était point jaloux, oh! non, il ne l'était certainement pas; mais un jour de mauvaise humeur, il prit la liberté de me quereller sur ces courses clandestines dont il ignorait le mystere. Notre union, & quelques autres bagatelles de ce genre, m'avaient appris à ne pas rougir. Je ne balançai donc pas à lui faire l'aveu de mon goût pour la *Dorvat*, & l'exhortai à ne pas s'en alarmer. Les gens peu délicats s'accordent assez volontiers; ma franchise ne lui déplût pas, il parut seulement douter de ce mélange singulier, & me demanda plaisamment comment j'y pouvais suffire.

» Je vais bien t'étonner, mon cher Comte, lui
» répondis-je, mais mon tempérament est tel que
» sortant de tes bras, dont je ne me retire que lors
» qu'épuisé, tu ne peux plus te livrer à de nouveaux
» transports & que mon état devrait naturellement

» être semblable au tien, je revole aussi-tôt dans les » fie: s : *d'instrumentée* que j'étais, *j'instrumente* à mon » tour, ensuite je fais agir la complaisante *Dorvat*, » qui, réitérant le plus agréable des exercices, mul» tiplie à l'infini cette charmante situation. Cesse donc » d'être surpris, si je te donne cette aimable *acolite*, ne » m'en veux pas, je ne puis m'en passer. Il faut voir » cet excès de jouissance pour pouvoir y croire : oui » ma chere sœur vous m'étonnez, mais vous ne me » persuadez pas : je vais plus loin. Je parie mille » louis que le fait n'est pas possible.... Mille louis! » eh! bien mille louis, soit. Commençons..... «

Enfermés tous les deux dans un voluptueux boudoir, le Comte me coucha sur un sopha ; mille louis! l'honneur de me vaincre lui firent trouver de nouvelles forces ; il me donna le plus vigoureux assaut & n'en perdit pas moins la moitié de la gageure.

» Je me rends, me dit-il ; mais vous n'avez pas » gagné...... Oh ! d'accord ; je vais vous convaincre, » Monsieur l'incrédule «.

Je sonnai : *Dorvat* était aux aguets, elle accourut ; je l'embrassai : on observera que le Comte était présent : mon effronterie la fit rougir. Je ne fis aucune attention à son embarras, je continuai ; elle tarda peu à se livrer à mes brûlantes caresses, furieuse à son tour & partageant mon délire, nous fîmes connaître à mon amant qu'il était dangereux de me défier, & il reconnut bientôt que ses mille louis m'appartenaient de bonne guerre.

Je crus m'appercevoir par la suite qu'il m'avait

rendu le change & que les différents mouvements de la Dorvat, ſes attitudes variées, ſes transports convulſifs lui avaient donné du goût pour elle; il en a ſans doute eſſayé, que cela ſoit ou non, je lui pardonne cette infidélité. L'amniſtie doit être réciproque.

CHAPITRE IV.

Baſſes intrigues. Mélange affreux d'iniquités. Miniſtre infidele. Un Cardinal paraît ſur la ſcene.

Je n'ai, juſqu'à préſent, offert que le tableau d'une mépriſable proſtituée, ſouillant la couche royale par les plus ſales débauches. Le libertinage affreux dans lequel j'étais plongée, faiſait gémir la France qui ne pouvait plus douter de mon infâme conduite; le mépris était le ſeul ſentiment que j'inſpirais, on dédaignait même de s'occuper de moi. Fatigués de me chanſonner ou de m'adreſſer des remontrances, les oiſifs & les ſages ne me regardaient plus que comme une femme perdue, livrée à la corruption, flétrie, & portant ſur le front le ſigne honteux de la réprobation.

Pour réveiller le Peuple de cette indolence, il fallait me montrer dans tout mon jour; c'eſt ce que je fis. Il ne ſuffiſait pas à mon caractere féroce d'être dédaignée du Français, je voulus m'en faire craindre

& faire ſuccéder au mépris qu'il me vouait l'horreur & la haine.

Les conſeils ambitieux que mon frere m'avait donnés à mon départ de la Cour de Vienne, étaient toujours récens à ma mémoire. Le défaut ſeul d'occaſion m'avait jusqu'alors empêché de les mettre en pratique; mais pour en eſpérer la réuſſite, il me fallait de l'intelligence au miniſtere, & il était malheureuſement déclaré contre moi.

Je ſçavais bien de quelle maniere on pouvait ſe débarraſſer d'un Miniſtre récalcitrant. Le vieux *Maurepas*, par ſa mort, m'avait garanti l'infaillibilité du moyen; mais les ſoupçons avaient germé, les yeux étaient ouverts, & la répétition d'une ſemblable *vétille* pouvait me devenir dangereuſe ou très-funeſte.

Le caractere de mon frere, en tout conforme au mien, lui ſuſcitait journellement de nouveaux embarras; il ne pouvait s'en délivrer qu'à force d'or; mais ſes tréſors étaient épuiſés, & ſon Peuple commençait à murmurer de l'oppreſſion, & paraiſſait diſpoſé à ſe ſouſtraire au joug odieux de la tyrannie.

Je l'aimais trop tendrement pour ne pas travailler avec ardeur à le ſecourir; le ſieur *Joli de Fleury*, malgré quelques refus, avait terminé par ſeconder mes intentions fraternelles, & pendant ſon adminiſtration, j'ai fait paſſer à l'Empereur des ſommes conſidérables.

La disgrace de ce Ministre m'accabla, & j'intriguai pour le faire remplacer par une créature qui me fut aussi affidée. Mon espoir fut trompé, le *Dormesson* fut intraitable, & je fus privée quelques-temps de pouvoir rendre service à la personne que j'aimais le plus. Que n'ai-je pu, dans ces moments de crise, lui faire passer les Trésors de la France ! tel était le bonheur qui fixait alors mes vœux les plus chers ; pouvais-je espérer de les voir remplis, tant que les sentiments des Ministres me seraient diamétralement opposés ?

La premiere partie de ma vie, ce titre justement de *précis*. Je ne la regarde, malgré sa véracité, que comme un résumé de faits généralement connus ; malgré cela, je ne reviendrai pas sur le chapitre de *Necker*, ni des manœuvres étranges que je mis en usage pour opérer sa premiere disgrace ; à cette époque, il était éloigné de posséder toute la confiance ; mais si, dans ce temps, j'avais prévu les révolutions qui se sont manifestées depuis, si une sotte timidité n'avait retenu ma main, les projets conçus se seraient exécutés, & ce Ministre aurait été, par la même voie, rejoindre *Maurepas* en détestant son integre probité.

Calonne parut alors sur l'horison ; je respirai. Il y avait long-temps que je souhaitais au Contrôle une de ses sangsues publiques dont l'ame de boue insensible aux cris de la douleur, se fasse un jeu de la misere, ce souhait fut exaucé.

Les spéculations les plus fausses, les projets les

plus insidieux, les conseils les plus criminels donnés au Roi, le plus exécrable brigandage, voilà les moyens que ce Ministre à qui j'ai tant d'obligations, employa pour me faire bassement sa cour. Je l'accueillis avec bonté, j'applaudis son administration, je le flattai : en un mot, j'employai les indignes ressorts de la plus vile séduction, pour me l'attacher, & j'y parvins. Je ne doutai jamais du succès de cette entreprise ; j'ai toujours attaqué, avec avantage, les créatures méprisables que j'ai voulu soumettre ; la dissimulation, la fourberie, le manege de la coquetterie, même avec les êtres les plus méprisables, furent mes armes. Je les préférai toujours au bouclier de la sagesse & au palladium de la vertu.

Je n'ai plus qu'un léger espace de temps à parcourir depuis cet instant à celui où j'écris ces Mémoires ; mais tous les moments en ont été employés, par le libertinage, l'ambition, le vol & le sacrilege. Chaque jour a éclairé de nouvelles horreurs, & les instants de la nuit que je ne consacrai ni à la débauche, ni au sommeil, je descendais dans mon ame, & n'y trouvant le crime, le lendemain prêtait sa clarté à quelque nouveau forfait.

Cette ame vile & abjecte va donc vous être dévoilée, vous allez maintenant y lire aussi clairement que moi. Quelle horrible connaissance ! vous avez proscrit ma tête lors même que ces affreux secrets ne vous étaient point encore parvenus ; que ferez-vous donc après ?

Pendant le temps qu'avait duré l'ambaſſade du *Cardinal*, *Prince de Rohan*, à la Cour de Vienne, je captivai ſon attention, & lui inſpirai de l'amour. Toute hardie que me parut la déclaration qu'il oſa m'en faire, je lui permis d'eſpérer non pas une de ces réponſes qui ne laiſſent aucuns doutes après elle; mais par un ſourire obligeant; mais par ces paroles vagues & obligeantes que les *galants* ſçavent ſi bien entendre.

J'ai de tout temps aimé les amours à la grenadiere, les préliminaires, moins ennuyeux, menent pour ainſi dire du moment de l'aveu à celui de la concluſion. Le ton mielleux & ſentimental du Cardinal m'occupa bien un peu: mais le geſte joint à la parole d'un Officier Allemand, encore au ſervice de la maiſon d'Autriche, me perſuada davantage. Je le nommerais ſans doute; j'entrerais même dans des détails ſur ſa mâle vigueur, ſi je ne craignais d'expoſer des jours qui me feront toujours chers.

Déſeſpéré de la préférence accordée, le Cardinal prit de l'humeur, & vindicatif comme tout autre Prêtre, il réſolut dès-lors de ſe venger de ce qu'il appellait une offenſe faite à ſes rares qualités; il exécuta depuis ce projet; auſſi malgré que je me ſois infiniment rapprochée de lui, ce que je me propoſe de détailler ſuivant l'ordre des événements, je ne l'en ai pas moins toujours regardé comme mon plus cruel ennemi, & ſi ſa tête n'a pas tombé ſur un échafaud; je l'engage à ne point m'en avoir d'obligation; le ſort l'a préſervé d'être la victime d'un plan formé avec toutes les précautions imaginables.

Je ne ceſſerai de répéter que j'étais douée d'une extrême diſſimulation ; parce que toutes les actions de ma vie en ont porté l'empreinte ; auſſi en donnai-je des preuves ſenſibles à ce peu politique Prélat. Je feignis d'ignorer les propos licencieux qu'il débitait ſur mon compte à la Cour de Vienne, je lui tendis gracieuſement la main à Saverne, je le reçus avec bonté à Verſailles lorſqu'il ſe rendit encore plus coupable à mon égard.

Cette étiquette qui m'avait paru ſi révoltante en Allemagne, me parut moins terrible à la Cour de France : on ſçait aſſez combien je profitai de l'eſpece de liberté qui s'y accorde aux femmes de mon eſpece ; j'ai déjà dit que je dédaignai d'abord les ſoins de mon beau-frere le Comte d'Artois. Cependant, ſes aſſiduités auprès de moi firent du bruit, il parvint bientôt aux oreilles de l'Impératrice, qui ne trouvant perſonne plus capable de l'inſtruire de la vérité du fait que le *Cardinal*, *Prince de Rohan ;* elle lui écrivit pour s'en informer. Cet Evêque à qui je voudrais en ce moment faire autant de mal que je lui en deſire était toujours amoureux. La *connaiſſance* du Comte d'Artois qu'on me ſuppoſait alors, & qui s'eſt réaliſée depuis, l'intriguait extrêmement. Effrayé de la concurrence qu'il ne pouvait ſe flatter de diſſiper malgré ſon amour-propre, la rage s'empara de ſon cœur ; il fit réponſe à ma mere, & c'eſt cette lettre trouvée dans ſes papiers, qui me fut renvoyée par mon frere,

&

& que je possède encore que je vais mettre sous les yeux.

A l'Impératrice Reine de toutes les Hongries. (1)

MADAME,

Mon respect & mon zèle pour l'Illustre maison d'Autriche, la vénération que vos vertus m'ont inspirés, la franchise que vous avez reconnue en moi, lorsque le Roi me chargea de ses sentiments auprès de vous, & que vous sommez d'être toujours le même; tout me force à remplir un ministere douloureux à mon cœur. Que n'avez-vous chargé quelqu'autre de cette affligeante mission ?

Il n'est que trop vrai que notre Dauphine en entrant sur le territoire de France a totalement oublié les leçons de sagesse que vous vous étiez plu à faire germer dans son cœur; indépendamment de son goût excessif pour le luxe, elle se livre à tous les excès de la coquetterie. Le bruit court qu'elle préfére son beau-frere à son époux. Dieu veuille que cela ne soit pas; mais les apparences sont contre nos desirs à cet égard.

Voilà tout ce que je puis vous apprendre. Puisse V. M., par ses sages exhortations la remettre dans

(1) Cette Lettre fut dépêchée par un exprès à qui le Cardinal avait ordonné de la rendre secrettement.

le ſentier du devoir. Puiſſe mon zèle y coopérer, c'eſt la moindre preuve de dévouement que puiſſe donner à Votre Majeſté;

Celui qui ne ceſſera d'être,

Madame,

de Votre Majeſté

Le tres-humble & très-reſpectueux ſerviteur,

✝ L. DE ROHAN, &c.....

On voit par la lecture de cette lettre, que le Cardinal me ménageait peu, & que s'il prétendait par-là me prouver la force de ſa paſſion, il était loin de compte, auſſi dès le moment que je n'eus plus à douter de cette atrocité, je lui vouai une haine immortelle. C'eſt cette haine, qui m'a depuis engagée par un enchaînement de circonſtances à le mettre au rang des favoriſés; il était bien éloignéde prévoir alors que c'était la ciguë que je lui faiſais boire dans une coupe d'or, & que je ne l'honorais de mes faveurs que pour l'écraſer avec plus d'avantage.

CHAPITRE V.

Amours nouveaux. Liaison indécente & politique du Cardinal de Rohan. Faveurs accordées à la Comtesse de la Mothe. Clef de son étrange procès.

OUI, je dois en convenir, j'ai peine à me rendre compte à moi-même du sentiment qui m'agite en prenant la plume pour tracer ce chapitre. Je n'altérerai point la vérité des faits; aussi entends-je d'ici s'écrier l'indignation, *quelle femme ! ou plutôt quel monstre ! quel rocher la pu porter dans ses flancs ! la malheureuse n'a donc jamais versé de larmes ?* Rarement en vérité; encore ce n'a jamais été que le dépit & la fureur qui me les aient arrachées.

Je commençais à me fatiguer des caresses de mon beau-frere, la variété pouvait seule assaisonner mes plaisirs, & la jouissance d'un objet nouveau flattait depuis long-temps mon ambition : *le beau Fersenne*, Colonel de Royal Suédois, suivait par-tout mes pas & ses coups d'œils enchanteurs m'avaient décidée à ne le pas faire languir long-temps après ma possession; il promenait un jour sa douce & tendre rêverie dans l'orangerie, il y avait quelques minutes que je l'observais lorsque ses yeux rencontrerent les miens, un signal intelligent que je lui fis ne lui laissa plus douter de son bonheur, rentrée au château, je lui députai *l'Esclaux*, garçon de la chambre qui lui remit une boîte de ma part dans laquelle était renfermé ce billet.

Flore a Zéphir.

» Depuis long-temps, mon cher Zéphir, je vous » vois parcourir les parterres de mon Empire & re- » garder avec attention toutes les fleurs qui sont sous » ma domination. Votre douce haleine se ferait-elle » reposée sur quelqu'une ? Votre Flore en mourrait » de désespoir. Songez que je suis leur *Reine*, & » que j'exercerais la vengeance la plus rigoureuse sur » celle qui m'aurait ravi le trésor où j'aspire. J'irai » ce soir à neuf heures promener mon inquiétude *au* » *petit Trianon.* Si Zéphir est sensible aux tendres » empressements de Flore, il viendra calmer le cha- » grin dont elle est dévorée. Le Gouverneur l'intro- » duira «.

Je n'attendis pas après la réponse de *Fersenne*, le même porteur me rapporta la boîte dans laquelle je trouvai ce qu'on va lire.

Zéphir a Flore.

» Ce n'est qu'avec indifférence que Zéphir voit tou- » tes les fleurs de votre Empire ; lorsqu'il les regar- » de avec attention, c'est que parmi elles, il cher- » che à distinguer leur *Reine* ; lorsqu'il la voit, le » respect lui ferme la bouche, & ses yeux sont les

» interprêtes muets de ſon cœur ; la reconnaiſſance &
» l'amour conduiront ce ſoir à neuf heures, Zéphir
» *au petit Trianon ;* trop heureux ſi ſa vue & ſes em-
» preſſements peuvent bannir l'inquiétude de Flore &
» la convaincre de la ſincérité de ſon ardeur «.

Ce billet & ſa réponſe ſuffiſent pour convaincre, comme je l'ai dit plus haut, que j'allais vîte en beſogne, & qu'auſſi-tôt *mouchoir jetté*, *faveurs reçues*.

Exact au rendez-vous, *Ferſenne* me fut amené par *Bazin*, le confident intime de mes plaiſirs ſecrets, & Gouverneur de Trianon qui l'attendait aux environs : il eſt inutile que je rapporte ici ce qui ſe paſſa entre nous. Le public eſt aſſez inſtruit de l'ardeur avec laquelle je célébrai les myſteres de l'amour, & en tirais toute la quinteſſence. Je me contenterai de dire qu'heureux & ſatisfaits l'un de l'autre pendant deux heures conſécutives, nous éprouvâmes tous les effets de la paſſion la plus forte.

Depuis cette époque, les rendez-vous ſe ſuccéderent, & ce galant commerce dura juſqu'à ce qu'excédée de ſa continuité, je jouai l'indifférence, & penſai à donner à l'épuiſé *Ferſenne* quelqu'autre ſucceſſeur.

Je me ſuis annoncée, & j'en ai donné des preuves très-convaincantes, que j'étais exceſſivement légere & inconſtante dans mes goûts. Il fallait beaucoup d'adreſſe, de ſcience & de *ſingularité* pour ſe conſerver mes velléïtés paſſageres, lorſque je ne rencontrais aucunes de ces qualités dans les individus que j'honorais de mes careſſes ; le dégoût, la ſatiété s'emparaient de moi, & je paſſais vîte à un autre.

Dans la liſte nombreuſe que je pourrais produire des êtres maſculins & féminins admis à mes conférences ſecrettes, ſi je ſuivais l'ordre chronologique, je pourrais prouver qu'auſſitôt dégoûtée *du commerce des hommes*, je paſſais *à celui des femmes*, j'avais preſque éprouvé la grande quantité de celles de la Cour qui avaient adopté ce goût ſi délicat, j'étais ſi fatiguée, ennuyée de la *fréquentation* de la Molaſſe *Comteſſe Doſſun*, ma Dame d'Atours, & d'ailleurs je la craignais. Je la connaiſſais avec ſon air doucereux, méchante, jalouſe, dangereuſe & coquine à l'excès ; elle m'avait déjà fait ſouffrir de ſon indiſcrétion. Sur laquelle donc pouvais-je jetter les yeux pour donner un ſucceſſeur au Colonel diſgracié ?

J'aurais bien renouvellé bail avec *la Ducheſſe de Polignac*, mais le goût en était paſſé ; d'ailleurs où je croyais fermement trouver des beautés ſecrettes, lorſque je me décidai à la mettre ſur les rangs, je n'avais fait que des découvertes hideuſes ; & ſans le parti qu'elle avait ſçu tirer de la circonſtance qui me ramenait malgré moi à m'en ſervir au dépourvu, je n'y euſſe jamais repenſé.

Une autre conſidération m'oblige à la ménager. Cette gueuſe de femme avait pris ſur moi l'aſcendant le plus impérieux ; elle était maîtreſſe de mes ſecrets capitaux, & tenait entre ſes mains, indépendamment de quantité de billets & lettres écrites de la mienne (1), mille assignations de rendez-vous imprudemment adressés, tant au Comte d'Artois qu'à d'autres personnes de la Cour, & plus encore imprudemment confiées à ses mains infidelles. Plusieurs Mémoires apostillés de ma main, contenant en marge les preuves multipliées de mes exactions inouies, tripotages de finance, emprunts, pots de vin, faveurs vendues à prix d'argent, &c., &c., &c........

J'étais dans cet état d'incertitude, & ne sçavais à quoi me déterminer, lorsque *la Comtesse Valois de la Mothe*, me fut présentée par *la Misery*, ma premiere femme de chambre. Cette infortunée que j'ai rendue victime de ma rage, contre *le Cardinal de Rohan*, sollicitait auprès de moi la reprise de possession de la terre de *Fontête*, dont avaient joui ses illustres ancêtres.

Je crois avoir déjà dit que la figure qui me convenait dans tel état que je l'eusse trouvée, me captivait sur le champ ; aussi la Comtesse de la Mothe fit-elle ma conquête, la premiere fois qu'elle se jetta à mes genoux. Bon, me dis-je en moi-même, je cesse d'être inquiette, elle remplacera *le Fersenne*.

Je feignis d'accéder à sa requête ; mais le fait est que la destinant à mes plaisirs, je voulais qu'elle n'eût obligation qu'à moi de sa fortune ; ce qui m'engagea à ne point me servir du pouvoir que j'avais sur Calonne, pour augmenter la faible pension qu'elle

(1) Correspondance que je me propose de rendre publique.

tenait de la Cour, & que ce paillard n'avait fait porter ſur l'état, qu'à la ſomme de 700 livres, jointe avec celle de 800 livres qu'elle recevoit déjà pour porter dignement le nom de Valois, eſpérant que cette médiocrité la conduirait infailliblement de ſa ſalle d'Audience à ſon lit.

J'enlevai donc cette proie au luxurieux Contrôleur, qui puiſait à pleines mains dans le tréſor royal, pour gagner des cœurs avec la clef d'or. Je n'ignorais pas ſes malverſations ; mais comme par ſon entremiſe je faiſais le même emploi des deniers de la Nation, nous avions l'un pour l'autre la même diſcrétion.

Le paſſionné Cardinal qui n'avait pas renoncé à ſes projets de convoitiſe, était à l'affut de tous mes mouvements, & interceptait tous mes regards. Il s'était apperçu de l'effet que les attraits de la Comteſſe de la Mothe avaient fait ſur moi ; il s'empara d'elle, l'endoctrina, & lui apprit à ſe prêter à mes vues.

Notre ſeconde entrevue ſe fit *au petit Trianon*, entre onze heures & minuit. La Comteſſe de la Mothe fut introduite dans mon cabinet, par cette même *Dorvat dont* j'ai parlé plus haut, qui ſe contentait du titre *d'Agente* de ces ſcenes libidineuſes, après y avoir joué elle-même un rôle principal.

Dieux ! quels délices j'éprouvai dans cette nuit charmante ! Avec quelle complaiſance la ruſée Comteſſe ſe prêta à mes fantaiſies ! Quels tranſports ! quelle ivreſſe ! Je crus voir s'ouvrir l'Olympe, &

que j'y pénétrais; car mes raviſſements n'étaient pas d'une ſimple mortelle.

Je congédiai la Comteſſe en l'aſſurant de ma faveur, & en la gratifiant d'une ſomme de dix mille livres en billets de caiſſe; Calonne m'en fourniſſait abondamment. Je payais la Comteſſe en Reine, tandis que de ſon côté le Contrôleur payait la Lebrun en Roi, & par le même moyen.

Le Cardinal inſtruit des circonſtances de cette entrevue, fit alors jouer tous ſes reſſorts. Il oſa m'écrire. Je réſiſtai long-temps à me prêter à ſa juſtification, mais les avis ſecrets que je recevais de l'Empereur qui deſirait depuis long-temps de le voir poſſeſſeur de la puiſſance miniſtérielle, & à la tête des affaires, m'engagerent à me prêter à la réconciliation qu'il ſollicitait.

Les Mémoires juſtificatifs de la Comteſſe de la Mothe, imprimés à Londres, en Janvier 1789, & que je garantis vrais dans tous leurs points, mettront ſincérement au fait les lecteurs de la farce que je fis jouer au Cardinal, par la proſtituée *Doliva.* C'eſt ainſi que je m'aſſimilais aux catins & aux perſonnes du plus bas étage : tout m'était bon.

Mon pardon n'était pas ſincere, en élevant le Cardinal Prince, juſqu'à moi. Ce n'était que pour le faire plus ſûrement tomber dans l'abyme que je lui entr'ouvrais par degrés; auſſi ma correſpondance (1)

---

(1) Voyez les Mémoires juſtificatifs de Madame de la Mothe, aux n°s de la fin.

avec lui était une énigme dont il eût été difficile de trouver la clef.

Je me prêtai donc à toutes ses rêveries ; il jouait auprès de moi le *Pastor fido.* Mon seul dessein était d'en faire un homme à moi, de lui faire faire autant de sottises que je le pourrais ; de détromper mon Frere, de l'engager à lui retirer sa confiance, & de le perdre ensuite, petit à petit, pour consommer ma vengeance.

Le succès de cette grande entreprise faisait le sujet de mes réflexions. Lorsque je me trouvais avec lui, très-souvent j'étais rêveuse, & gardais le silence à ses insinuantes protestations. L'adroit Evêque sçut profiter de mon inaction, & prenant ce silence pour un aveu tacite, il alla plus loin : le coquin fut heureux.

En voilà maintenant de toutes les especes. Militaires, Prélats, Courtisannes, &c. j'aurais même descendu jusqu'à la roture, tant ce besoin chez moi était devenu impératif.

Les Polignac étaient furieux ; la faveur se perdait tous les jours ; je ne faisais plus que des demi-confidences ; souvent j'affectais le dépit & le dédain ; je paraissais même avoir tout-à-fait renoncé à l'amour ; je m'occupais alors de l'intérêt.

Cependant les indiscrétions de *l'Esclave* (1) dont

---

(1) Titre que prenait le Cardinal de Rohan, auprès de la Reine.

parfois les expreſſions tranchaient du *maître*, m'alarmaient ; *Lauſun*, *Luxembourg & d'Artois* s'entretenaient publiquement de notre liaiſon. Pluſieurs confidences de ſa part, ſur quelques particularités de mes charmes ſecrets, avaient convaincu, à n'en pas douter, ceux qui étaient auſſi inſtruits que lui de la vérité de notre *approximité*.

Arriva dans ce temps l'aventure du collier, de ce collier qui a fixé l'attention de toute l'Europe, & dont on ignore tout le myſtere. En en faiſant ſuccinctement le récit, je vais m'acquérir un nouveau droit à l'indignation, mais le premier pas eſt franchi

L'économie du Roi s'oppoſait depuis long-temps à la demande que je lui avais faite d'une garniture de braſſelets, ſemblable à celle que portait la Reine d'Angleterre ; j'avais pluſieurs fois eſſuyé de ſa part le refus formel de me donner cette parure. Calonne ne ſçavait plus de quel bois faire fleche ; toutes les reſſources étaient épuiſées, il n'y avait plus que l'intrigue qui pût me procurer ce bijou que j'étais infiniment jalouſe de poſſéder.

Je m'étais quelquefois plainte devant la Comteſſe de la Mothe, de l'avarice de mon époux, & du deſir qui me tourmentait. Elle en parla au Cardinal qui, malgré la ſituation de ſes affaires, & ſon peu de crédit, entreprit la négociation de cette affaire dont je profitai ſeule, ayant toujours eu la précaution de faire agir ſourdement ces deux *complices* de mon larcin manifeſte.

La fuite de cette affaire me conduifit infenfiblement à la vengeance que je méditais toujours intérieurement contre le Cardinal; mais elle ne fut pas auffi complette que je le defirais. C'était fur un échafaud que je l'euffe voulu voir, mon ambition eût été fatisfaite.

Je l'eus enfin ce collier. *L'Efclaux*, mon Meffager fecret, me l'apporta; & du moment que je l'eus en ma puiffance, je jurai qu'il ferait l'inftrument de ma fureur contre le Cardinal. Mon deffein n'était pas d'envelopper la Comteffe de la Mothe dans cette profcription; la circonftance feule a dirigé cet événement, qui ne ceffera d'être incompréhenfible qu'après la publication de ces Mémoires.

Pour remplir l'ufage que je voulais faire des diamants de ce collier, il fallait le dénaturer; cela fut bientôt fait. Les fouftractions que j'y fis, me fervirent à des bienfaits, paraiffant d'autant plus généreux, qu'ils étaient confidérables, mais d'autant plus faciles pour moi, qu'ils ne me coûtaient rien.

Ce font ces mêmes bienfaits qui ont conduit la malheureufe Comteffe à l'infamant poteau, & à l'indigne flétriffure qu'elle effuya par la main d'un Bourreau.

Il ne fallait pas moins que la plus profonde politique, pour me tirer d'un pas auffi délicat. Tout l'opprobre eût retombé fur moi, fi j'euffe été découverte. Je me fervis de mes principes ordinaires; je facrifiai l'innocence pour fauver une légere parcelle de mon honneur expirant, & j'apportai le plus grand ſoin à couvrir cette odieuſe atrocité du voile le plus impénétrable.

La plus légere confidence ſur l'article du collier, m'eût été très-nuiſible, auſſi me tins-je ſur la réſerve; & malgré le faux zele du *fourbe Baron de Breteuil*, ſes demandes inſidieuſes, ſon air d'aſſurance, je niai fermement que ce bijou eût été en ma puiſſance; j'aſſurai que je n'en avais pas plus de connaiſſance que de la Comteſſe de la Mothe, & je perdis ainſi cette femme par une criminelle négative.

Me voilà donc abſolument hors de cette procédure dont je méritais ſeule toute l'infamie ; & l'on n'y faiſait mention de *ma Majeſté*, que pour accuſer les prétendus ſcélérats qui oſaient abuſer de mon nom ; je n'en étais pas moins en tranſe. J'étais dénoncée par l'évidence & le ruſé *de Vergennes*, qui avait calculé juſqu'à quel point je pouvais être intéreſſée dans cette abominable manœuvre, avait aſſez juſtement combiné, pour m'accabler de ſa haine, en fourniſſant indirectement des preuves contre moi.

Le Jugement ſe prononça, toutes les loix de l'équité furent violées; l'innocence ſuccomba, le Cardinal échappa à ma vengeance; je fus diffamée par l'opinion publique, & je conſervai toujours la plus grande ſécurité, en conſervant précieuſement trois cents cinquante-ſix diamants du collier que je m'étois ſi finement appropriée, & dont j'eſpere un jour faire monter les braſſelets pareils à ceux de la Reine d'Angleterre.

Les intrigues & les tracaſſeries du *Comte de Ver-*

gennes, dans le cours de cette inique affaire, me firent appercevoir combien j'avais à m'en méfier; & comme les forfaits ne me coûtaient rien, j'en méditai un, dont l'exécution suivit peu après.

CHAPITRE VI.

Destruction d'un ennemi. Renouement d'intrigues. Commencement du bouleversement.

L'Empereur se désolait à la Cour de Vienne, du mauvais succès de ses affaires, & de la tournure qu'avait pris en France l'affaire du collier. Son issue détruisait totalement ses projets, malgré les témoignages qu'il avait reçus de moi de l'imbécillité du Cardinal de Rohan, sa politique lui avait fait entrevoir que son ambition serait plutôt satisfaite, & ses vues remplies avec ce Ministre, qui n'eût point hésité à seconder le bouleveversement qu'il méditait, & dont il aurait profité.

Le plus exécrable dessein occupait entiérement mon esprit. Je jouissais de toute la gloire que je venais de remporter, mais un de mes ennemis respirait encore. Cabaler, pour l'expulser de la Cour, il n'y fallait pas penser. Des imputations véritables n'auraient pas réussi à faire prononcer son éloignement, à plus forte raison la calomnie n'aurait fait qu'ajouter à son triomphe.

J'avais entre mes mains la recette de *Marie de Médicis ;* le vieux Maurepas en avait reſſenti les funeſtes effets, au moment où je lui jurais une déférence exacte à ſes avis, & une ſincere réconciliation ; je l'avais embraſſé pour le mieux étouffer : rien de ſi ſimple d'en procurer une doſe pareille au *Vergennes.* Ce parti pris, il ne reſtait plus qu'à l'exécuter ; c'était-là le ſeul embarras. Comment y parvenir ? Je n'oſais mettre en uſage les préliminaires dont je m'étais ſervi avec *Maurepas.* Ce premier, plus pénétrant, ſe ferait douté de la cataſtrophe ; c'était une autre main qui devait aſſoupir éternellement ſa haine pour moi. Je ne vis que *la Ducheſſe de Polignac*, capable de ſe prêter à cette exécration ; je mis les fers au feu.

D'abord, je me plaignis obligeamment que de légeres brouilleries duraſſent encore. Je rappellai ce temps que je traitai d'heureux, où, nonchalament couchées dans les bras l'une de l'autre, & plongées dans la plus douce ivreſſe, nous nous faiſions les plus ardentes proteſtations de nous adorer toujours ; j'en regrettai l'interruption : quelques feintes larmes coulerent de mes yeux. *L'Androgine* y parut ſenſible : je lui ſautai au cou, nous nous embraſſâmes, & après une mince explication la paix fut conclue.

Je rejettai les tracceſſeries qui nous avaient ſéparées, ſur le compte de celui que je voulais détruire ; il n'en fallait pas davantage pour opérer ce grand œuvre : la rage étincelait dans les yeux de la Ducheſſe ; elle ne reſpirait plus que fureur & vengeance. Le poiſon fatal fut préparé, adroitement donné, & je vis avec le plus barbare plaiſir une langueur mortelle s'emparer de *Vergenne*, le conſumer par degrés ſans qu'on ſût à quoi en attribuer la cauſe, & ne finir qu'à ſon dernier ſoupir.

O ma chere *Jules*, ſi les expreſſions de ma reconnaiſſance peuvent parvenir juſqu'à toi, reçois-en l'hommage. Graces te ſoient mille fois rendues, d'avoir prêté ton miniſtere à ce coup hardi; tu m'as délivré du ſeul ennemi que j'avais à redouter: Oui, c'eſt ce trépas forcé qui a maintenu ma gloire & aſſuré ma toute-puiſſance.

Plus le ſervice eſt grand, plus la gratitude doit être parfaite; j'en donnai des preuves à ma favorite, qui l'enchanterent, mais elles étaient ſimulées. Quelques anciennes indiſcrétions de ſa part me revenaient ſans ceſſe à l'eſprit, & maintenant que je penſe aux agitations que j'éprouvais alors, je ne ſçais pas quel génie m'a retenu, & empêché le deſir ſecret que je reſſentais de la rejoindre aux autres.

Ces mouvemens ſecrets s'évanouirent peu-à-peu, je revins de bonne foi, les propos légers du Cardinal, m'avaient fait trembler ſur la révélation de mes égarements paſſés. J'avais fait divorce avec les étourdis; il fallait cependent un aliment à ma lubricité; elle était plus que ſuffiſante pour contenter mes deſirs. Je me tins donc à elle, ſauf à profiter des occaſions qui ſe préſenteraient par la ſuite.

Notre réconciliation fournit matiere à la médiſance: je paſſai bientôt dans l'eſprit de la Cour pour

la

la tribade la plus déterminée ; mais peu m'importait l'opinion ; satisfaire mes goûts, me livrer à tous les excès, tels étaient mes desirs, & rien au monde n'aurait pu m'empêcher de jouir d'un avantage aussi précieux.

L'Empereur nourrissait toujours l'espoir de fomenter la division ; il me communiquait ses projets & je le secondais de mon mieux ; mais que pouvais-je opérer qui pût faciliter la réussite qu'il attendait de mes soins? L'œil de la défiance était ouvert sur toutes mes actions, & malgré les intrigues des créatures qui m'étaient soumises, je ne voyais point jour à parvenir à ses fins.

Jules de Polignac devint donc ma favorite & l'ame de tous mes plaisirs : mettant à profit tous les instants que Louis XVI nous laissait, nous le punissions de son indolence par le commerce le plus abominable, sans même prendre la peine de le cacher.

Parfois le Comte d'Artois se réunissait à nos orgies libertines ; mais je craignais infiniment son approche, ce vigoureux *jouteur* allait bon jeu, bon argent, & sans certain manége dont la Polignac m'avait donné la connaissance, la famille Royale aurait été considérablement augmentée.

Les espérances que le Français concevait d'une amélioration dans l'administration générale, le rendaient à ses occupations ordinaires, & les nouveaux matériaux que je lui fournis, lui inspirerent ces couplets qui me furent directement adressés.

CHANSON.

Air : *eh ! mais oui-dà , &c.*

Or , écoutez l'hiſtoire ,
Que je vais raconter ;
Elle eſt facile à croire ,
Il n'en faut pas douter :
Eh ! mais oui-dà ,
Comment peut-on trouver du mal à ça. (*bis*)

Notre Lubrique Reine ,
D'Artois le debauché ,
Tous deux ſans moindre peine ,
Font ce joli péché.
Eh ! mais oui-dà , &c.

Cette belle alliance
Nous a bien convaincu ,
Que le grand Roi de France
Eſt un parfait cocu.
Eh ! mais oui-dà , &c.

Polignac cette gueuſe ,
Vomie par les Enfers ;
D'une main odieuſe ,
Sert ces crimes divers.
Eh ! mais oui-dà , &c.

Ces couplets augmenterent la rage que j'avais conçue contre le Français , & dès-lors je jurai ſa ruine.
Le moyen était facile , le Miniſtere annonçait depuis long-temps la ruine que j'avais méditée ; il ne

fallait plus que la circonſtance, elle ne tarda pas à arriver. Le Français accoutumé aux vexations, préſageait peut-être les événements qui viennent de ſe réaliſer ; donc, il ne fallait plus que l'éclat, & cet éclat formait mon bonheur.

Mon époux ſommeillait ſur la garantie des apparences, pendant ce temps le crime veillait, & c'eſt alors que j'eus occaſion de connaître au juſte ce qu'était le Français.

Les Princes du Sang Royal, iſſus de la branche des Bourbons, avaient donné mainte fois des preuves d'un caractere patriote & d'un amour populaire, mais je les conſidérais comme autant de girouettes que le moindre vent faiſait mouvoir à ſon gré.

Rien n'était auſſi facile que de m'emparer de leurs idées, d'en ordonner l'adminiſtration.

Pendant ce temps je continuais à ſouffrir du caractere bouillant, impétueux & jaloux de la Ducheſſe de Polignac, dont l'excès était monté au point que je le trouvais inſoutenable. J'étais donc partagée entre le deſir de ſatisfaire mes inclinations ſecrettes, de trouver les moyens ſûrs de faire tenir à l'Empereur les fonds énormes dont il avait le plus grand beſoin, & de m'aſſervir les Princes du Sang, ainſi que quelques autres Créatures, en flattant leur ambition.

Il fallait être ce que j'étais réellement, pour parvenir à exécuter ces grands mouvements : fourbe, diſſimulée & quelque choſe de plus, je réuniſſais ces diverſes qualités ; chaque jour la férocité & la haine pour le Français, prenaient de nouveaux dégrés dans mon ame : ces deux excérables ſentiments me dictaient mes actions, auſſi celles que je tranſmis depuis à la poſtérité, formerent un tiſſu de crimes qui effraya l'Univers.

Mon cher d'Artois, ſans être jaloux de la concurrence, me prodiguait toujours ſes ſoins, j'avais étudié ſon cœur & ſurpris tous ſes ſecrets ; il ne lui était plus poſſible de diſſimuler avec moi, & je n'ignorais pas la haine cordiale qu'il partageait avec moi contre mon époux, & c'était de ma part un grand coup de parti que de l'aſſocier à mes abominables manœuvres.

J'entrevoyais déjà dans l'avenir l'exécution de ces iniques projets, & je n'y pouvais penſer ſans que la ſatisfaction ne brille ſur mon viſage ; une politique raffinée, me ſervit encore & m'engagea à ménager la turbulente Ducheſſe, dont les intimes fréquentations avec ceux qui m'étaient néceſſaires, m'y démontraient viſiblement le danger qu'il y aurait eu pour moi de la contrarier.

D'Artois, dont je rafolle toujours, tout éloigné qu'il eſt, & pour ainſi dire perdu pour moi, malgré l'eſpérance que je conſerve encore de le revoir triomphant de l'échec qui lui eſt arrivé ; d'Artois, dis-je, forma avec moi le complot de la ligue infernale dont on a vu éclorre les pernicieux effets. Je lui en attribuai les avantages du ſuccès, en lui cachant très-ſoigneuſement l'intention que j'avais qu'il appartînt fermement à Joſeph II.

Intimement convaincu, malgré *mes fréquents écarts*, qu'il avait procuré la naiſſance à l'héritier de la couronne ; il ſe pénétrait de douleur en ſongeant qu'il avait lui-même donné ce nouveau moyen de ſon excluſion au Trône (1). Ce fut bien pis encore au moment où le Duc de Normandie vit le jour. Je vis couler de ſes yeux des larmes de rage. Dès cet inſtant nous mîmes les fers au feu avec plus d'ardeur, nous réunîmes le plus affreux des *Triumvirs*, & nous jurâmes dès-lors la deſtruction du Français & la ruine totale de la France.

Reſtait à s'aſſurer de ceux que nous comptions ſûrs, & qui ne ſe ſont point en effet démentis, nous ne tardâmes pas à former cette horrible confédération ; mais contrariés par des événements auxquels nous ne nous attendions pas, nous nous trouvâmes obligés de remettre à un autre temps l'époque du grand coup que nous voulions porter.

---

(1) Je m'apperçus bien de ce caractere dénaturé, lorſque je dis à cet aimable Prince : *ah ! cher d'Artois*, *ton petit Dauphin* (ce que j'ignorais encore) *me donne des coups de pieds dans le ventre ; & moi au cul, me repondit-il, ma très-chere :* mais f....., *patience nous ſçaurons bien l'envoyer avec les autres.*

CHAPITRE VII.

Les Parlements en jeu. Effronterie du cher Comte. Balourdises de Monsieur. Barbarie d'un Commandant du Guet de Paris.

Ce n'était pas encore la scélératesse que nous avons montrée depuis, qui animait nos projets; nous raisonnions alors nos moyens, & le Parlement sur lequel nous avions le plus compté, fit avorter, par une résistance inattendue, les commencements de notre entreprise.

Le plus imbécille des Edits avait été dicté à Louis XVI, & nous avions droit d'espérer que son enregistrement le rendrait odieux à la Nation. Dans cette circonstance le Parlement se montra dur & intraitable. Ce Corps politique pressentant déjà qu'il allait se couvrir de l'indignation publique, refusa net, & par cet acte d'un courage dissimulé, croyait faire oublier au Peuple les lâchetés auxquels il avait consenti précédemm nt.

La ligue étonnée de cette fermeté, crut d'abord qu'elle n'était que feinte, & engagea *le Lion* à montrer les dents à cet Aréopage ridicule : alors les Parisiens se mutinerent, investirent le Palais & nous étonnerent par leurs transports.

Au fond de son Palais Louis ne faisant que ce qu'on lui faisait faire, se reposa sur d'Artois du soin de l'enregiſtrement , & le beau-frere commença à cette époque à donner des preuves barbares de ſon caractere féroce & ſanguinaire.

Auſſi poltron qu'à Gibraltar, ce fut en cette qualité qu'il ſe montra. Jurant comme un Energumene, il monta le grand eſcalier, bouillonnant de rage, ſes yeux étincellaient du feu de la deſtruction; mais la peur ne tarda pas à glacer ſes eſprits, & ce fier héros capable tout au plus d'inſpirer de la peur aux lievres, en deſcendit l'oreille baſſe, trop heureux d'éviter le coup que lui préparait une main hardie & de regagner ſeul ſa voiture, ſes Gardes l'ayant abandonné à la place Dauphine.

A ſon retour à Verſailles, il déclara au Très-Débonnaire Louis, qu'à l'avenir il pouvait ſe charger lui-même du ſoin dangereux de faire exécuter ſes volontés, & Monſieur qui n'était regardé qu'avec bonté de la part de ce Peuple ombrageux, voulut bien ſe prêter à appaiſer ce trouble que nous commençions à appréhender.

Il fut applaudi par les Pariſiens bénévoles, qui ne s'en rapportant jamais qu'à l'apparence, jugeaient bons tous les porteurs *de bonne figure*.

Le Noir, ce ſcélérat, ce tyran deſpote, nous était vendu, & exterminait miniſtériellement ceux qu'il pouvait exterminer; mais ces infernales opérations n'allaient point aſſez vîte au gré de ſa fureur, & malgré les fréquentes liaſſes de lettres de cachet que nous avions grand ſoin de lui faire tenir, il trouvait qu'il reſtait encore trop de Pariſiens. Son enthousiasme destructif nous plaisait infiniment, & nous sçavions l'encourager en donnant carte-blanche à tous les forfaits qu'il voudrait opérer.

Le Chevalier Dubois, son infâme Agent, secondait de son mieux les vexations de *l'Empereur des Mouchards*; mais en vrai guerrier, il condamna la lenteur du travail du cabinet, & opéra beaucoup plus vîte avec la poudre & le plomb.

Tel fut le signal de l'alarme & le mobile des événements arrivés; depuis le peuple se révolta, brûla les corps-de-gardes, & au risque d'être inhumainement fusilié, contraignit ceux qu'il soupçonnait d'être d'un parti contraire à ses intérêts à ployer le genouil avec respect devant la statue d'un Monarque adoré, dont la vue arrachait des larmes & excitait des regrets amers en comparant la différence des regnes.

Ce Dubois, cet exécrable satellite, ce détestable suppôt de la tyrannie, vit promener son effigie dans les rues de Paris, aussi ignominieusement que celle de ce Suisse, que *l'aveugle superstition* brûlait toutes les années, rues aux Ours, quartier S. Martin.

Indépendamment de cette promenade, le résultat fut d'accrocher ce simulacre à une vile potence en compagnie de quelques autres aussi abjects.

Je voyais avec un singulier plaisir ces révolutions qui commençaient à faire naître la dissension, & à présager la réussite que nous ambitionnions. Les coups de fusil que le *Généralissime des troupes à pied du pavé de Paris* fit distribuer à droit & à gauche, firent retentir à nos oreilles les plus agréables sons, & le sang Français offert en holocauste, à l'aristocratie que nous méditions en assurait la durée infaillible.

Monsieur parvint donc à pacifier les affaires, & donna en cette occasion des témoignages assurés de sa pusillanimité ; il reçut, avec le sourire que nous lui connoissions, les expressions de la bienveillance, & parvint à ranger avec candeur les affaires Nationales un peu plus qu'elles ne l'étaient.

Rien ne pouvait mieux flatter nos desirs que ces actes révoltants de la tyrannie ; mais malgré la satisfaction quelle nous inspirait, nous sentîmes la nécessité de la circonspection, & le danger de trop nous montrer. Nous en demeurâmes-là, bien résolus de profiter des premieres occasions. La fermentation était à son comble ; trop de précipitation pouvait nuire, & renverser de fond en comble l'édifice de notre nouvelle Monarchie. Je profitai donc de cette treve nécessaire pour me livrer à un autre genre d'occupations.

CHAPITRE VIII.

Autre personnage. Coquin disgracié. Nouveaux embarras. Conférence secrette. Exposition de complots atroces.

JE crois m'être assez fait connaître pour qu'on ne doute plus du caractere & des mœurs de la Reine de

France ; j'en ai cependant de nouvelles preuves à donner ; elles convaincront que je devenais successivement l'esclave du crime , & que les plus grands forfaits ne me coûtaient rien. A la Cour de France, chacun a sa marotte. Tout comme un autre , j'avais mon Pantalon , & l'élégant Marquis de Bievre , ce charmant polisson , distributeur de Calembourgs , & d'Epigrammes faites à loisir, devint mon Sapajou.

C'est une bien belle chose que l'esprit, bien préférable , sans doute , au génie & aux connaissances ; quand j'eus adopté ce frivole Marquis pour *Président* de mon Bureau , tout se réunit pour en former les Membres, on ne parla plus qu'en Calembourgs , Édits , Lettres-Patentes , Arrêts du Conseil , Déclarations du Roi , Impôt territorial , tout était Calembourg jusqu'à la Majesté Royale.

J'élevais aux nues ce Mirmidon Littéraire , & à force de soins , de prévenances , je le conduisis où j'avais conduit tant d'autres ; c'est-à-dire , au voluptueux boudoir du petit Trianon , & le serrant dans mes bras , je le convainquis que la foi conjugale, & que le respect dû au Roi de France était de même un vrai Calembourg.

Mes projets paraissaient ensévelis dans l'ombre du silence. Je n'y pensais plus que légerement , lorsque l'agréable *Calembourdier* m'en fit un à commandement, dont l'interprétation me parut plus sûre & plus agréable que l'oracle de Calchas.

Je portais ce jour-là des pantoufles vertes , & dénuées de tous agréments. Allons Marquis , lui dis-je , eh ! vîte un Calembourg ? Sur qui ? ou ſur quoi ? Eh ! mais ſur mes pantouffles. Volontiers, le voici. *L'Univers eſt à vos pieds*. Il n'y eſt pas encore, m'écriai-je, mais il y ſera. Il fut un temps qu'une profonde hypocriſie aveuglait le Français ſur le compte de mes vertus, leur tendreſſe me promettait le ſuccès de cette prédiction ; en levant le maſque, je fis changer cette réſolution. Mais je n'y renonçai pas ; &, puiſqu'il m'était impoſſible de continuer cet aveuglement, ce ſera par des moyens plus funeſtes, que je ſçaurai confirmer la *Centurie* de mon bel aſtrologue.

J'ai déjà dit que Calonne ne fourniſſait plus aux appointements comme par le paſſé ; j'avais beau me plaindre, il n'y avait plus de reſſources, il n'en exiſtait aucunes : comment pouvait-il en fournir ? Déſolée de ce contre-temps, il devint l'objet de ma haine, & je le ſacrifiai. L'horrible *déficit* que nous avions fait naître fourniſſait les plus violents murmures. Avec les Citoyens Patriotes, je feignis d'en être ſcandaliſée ; mais jugeant bien que je ſerais compromiſe par la publicité de ſes pratiques odieuſes, & ſçachant combien il devenait important pour moi de le faire ſauter, je le fis avertir ſecrétement du danger qu'il courait à reſter en place ; il ne tarda pas après pluſieurs diſcuſſions ſur ſon adminiſtration à s'éclipſer & à fuir à Londres, ou j'entretins avec lui une correſpondance qui me devenait néceſſaire.

Il m'importait fort peu qu'un coquin de ſa trempe ne fût plus en place, puiſqu'il m'y aurait été inutile; mais les embarras augmenterent, ainſi que mes diffipations continuelles & mes exceſſives prodigalités que j'étais bien éloignée de vouloir diminuer. J'enrageais de toute mon ame que les fortunes Françaiſes ne fuſſent pas en ma diſpoſition.

J'entrevoyais avec délices le moment où ce miracle s'opérerait ; mais je n'en étais pas moins contrariée dans toutes mes idées ; l'Empereur me harcelait, ſes finances totalement épuiſées ne lui laiſſaient plus que l'odieuſe reſſource que nous avons employée avec tant de ſuccès : *voler ſon Peuple.*

Brienne, cet Archevêque impie, fourbe & hypocrite, vint à ſon tour manier ſes Finances. Quel homme ! ſon adminiſtration prouva bien tout le ridicule du choix qu'on en avait fait. Egoïſte *comme un Prêtre*, nous ne pûmes réuſſir à lui faire completter la calamité publique en notre faveur ; le coquin, ſans s'embarraſſer de nos menaces, ne voulut travailler que pour ſon compte, & nous força, le cher beau-frere & moi, à recourir lâchement au vol pour alimenter notre infame cupidité, du reſte médiocre, des deniers Royaux.

Louis XVI, dont la confiance était ſans bornes dans les Miniſtres à notre dévotion, ſe repoſait entiérement ſur eux, des grands travaux des affaires de ſon Conſeil, ſignant aveuglément les ſottiſes & les horreurs, auxquelles nous donnions une forme ſpécieuſe. De temps à autre, il s'informait ſi ſon Peuple était heureux ; on preſſent la réponſe. Aucuns de ſes juſtes murmures ne parvenaient juſqu'à lui, & les impudentes affirmations de nos viles Créatures redoublaient sa tranquillité : renfermé dans son cabinet des heures entieres, il s'amusait à des niaiseries, ou dormait sur la sécurité où nous l'avions plongé, & où nous avions grand soin de l'entretenir. Sur l'article de *l'argent* seul il se montrait intraitable. Son extrême économie était dégénérée en avarice, & sa maxime favorite était que chacun dans son Royaue, *même lui*, devait se contenter du nécessaire. En nous asservissant à cet idiôme bizarre, toute la Maison Royale aurait formé le plus joli ménage Parisien, & nous aurions mangé tous à la même table, comme les plus épais Bourgeois. Il faut en convenir, ces unis soupers de famille auraient été quelque chose de bien plaisant.

La nécessité, la dure nécessité nous conduisait cependant à exécuter les royales volontés de mon époux. Nous frémissions de rage en songeant qu'il existait en France des particuliers infiniment plus riches que nous, & qui, par des concussions inouies avaient acquis le titre de Millionnaires.

Nous eûmes d'abord recours à quelques-unes de ces sangsues, & nous fîmes des emprunts.

Le sieur *Pinet* entr'autres, jouissant d'une fortune considérable, nous fut d'un merveilleux recours ; nous en tirâmes des secours considérables, & nous garnîmes son porte-feuille de *faux*. Précautions qu'en ce temps nous n'eussions pas prises, si nous avions prévu la *tournure* des affaires, & sa mort tragique dont nous pouvons de bonne foi nous déclarer les auteurs.

Ce manége si digne de nous, & que la postérité aurait peine à croire, dura quelques années: nous pressurions les bourses de ces agioteurs de fortunes, & nous leur donnions en échange des sommes immenses que nous en tirions des *sourires engageants*, *des coups d'œil flatteurs*. Ces paiements faciles à faire pour des gens qui craignent peu de se compromettre, étaient réservés pour ceux qui mendiaient bassement notre faveur & notre protection ; pour ces sauvages qui ne s'attachent qu'à la réalité, & qui ne traitaient avec nous que dans l'espoir de décupler au moins les sommes prêtées, si nous les induisons *royalement* en erreur. C'est une œuvre méritoire de châtier l'avarice en y ayant recours.

Ces petites expiégleries furent reconnues de la plupart, qui s'en plaignirent avec aigreur. Alors le Noir & Compagnie venaient à notre secours : la lettre de cachet se lançait le Plaignant faisait un tour à la Bastille ou ailleurs ; le porte-feuille se trouvait en la puissance de notre Associé le Lieutenant de Police, les effets nous rentraient, & de cette maniere, nous commerçions sans crainte.

La vérité n'est pas tellement ensévelie au fond d'un puits, que parfois elle ne se montre ; ce torrent d'iniquités grossissait tous les jours : bientôt les ressources furent entiérement perdues.

Nous tînmes conseil alors ; car enfin il nous fallait de l'argent à tel prix que fût, & s'il eût cessé d'exister en France, nous en eussions été chercher au centre de la terre : c'eût été notre dernier moyen.

Le cher beau-frere, fertile en expédients, m'en ſuggéra un qui ne m'était jamais venu dans l'idée, & qui nous fut très-avantageux ; il me fit obſerver l'aſcendant que j'avais ſur mon benin d'époux, à *l'intérêt* près. Sa tendreſſe pour moi, un des faibles qu'on ait jusqu'alors à lui reprocher. Depuis que l'ivreſſe de mon libertinage m'avait éloignée de lui ; ſoit chagrin, ſoit goût particulier, le Roi avait contracté l'habitude de relâcher de ſon économie en faveur de la bonne chere. Le vin ſur-tout commença d'avoir des attraits pour lui ; & les ivrognes conviendront avec moi que les premieres atteintes que cette paſſion livre aux individus qui s'y attachent, ne tardent pas à redoubler.

Le Monarque Français buvait donc de temps à autre : dans ces moments bachiques, ſon amour redoublait. Alors je lui aurais fait ſigner l'abdication de ſon Royaume ; & fidele à ſes engagements lorſqu'on pouvait lui prouver que ſa ſignature n'était pas ſuppoſée, nous réſolûmes d'employer ce favorable moyen pour la lui extorquer.

Je ne pouvais gueres réuſſir dans ce louable projet, qu'en me rapprochant de lui & en flattant ſa manie. Rien ne pouvait lui plaire davantage : je le vis complaiſamment ; je careſſai ſon penchant ; & nous bûmes enſemble. J'apportai cependant le plus grand ſoin à redoubler la doſe à ſon égard ; & quand je le voyais au point où je le deſirais, j'employais les larmes, les prieres, je prenais la plume, lui conduiſais la main, & le nom de *Louis* que je lui faiſais tracer, me mettait en poſſeſſion d'un *bon de caiſſe* des plus confidérables, que je partageais enfuite loyalement avec d'Artois, comme auteur de l'invention.

Alors le Brienne ceffa d'être farouche & commença de comprendre, comme Calonne, qu'il ne jouirait fans crainte du fruit de fes larçins, qu'en confentant au partage. Ces *bons* le firent trembler, & raffurerent cependant fa confcience qu'on fçait affez *timorée.* D'ailleurs la fignature du Roi devenait pour lui un titre légitime de juftification en cas d'événements. Les fonds recommencerent donc à rentrer.

Il paraiffait très-étonnant à mon cher époux que j'euffe redoublé d'ardeur au moment où il paraiffait le moins y compter; mes tendres attentions pour fa perfonne facrée lui donnerent de l'ombrage, & mon affectation à le faire écrire chaque fois que je le voyais en bonne difpofition, ne contribua pas peu à augmenter le foupçon que mes careffes n'étaient pas naturelles. Il réfolut de vérifier fes conjectures: je fus prife à la feinte, que pour la premiere fois de fa vie, fans doute, il mit en ufage. Les *bons* cefferent; Brienne fit un faut pour paffer au Miniftere d'Etat, & nous fûmes encore une fois dans la crife.

Nous jugeâmes alors qu'il était grandement temps de fe réunir pour confommer l'entreprife exécrable qui avait avorté lors de la cataftrophe du Palais de Juftice. D'Artois bornait fes occupations à railler les mécontents. Lorfque je lui communiquai que je ne pouvais plus compter fur l'effet de mes attentions pour Sa Majefté, à l'effet d'en obtenir, ce que modeftement nous nommions *nos befoins*; il fe rendit à mon

avis,

avis, & s'employa dès ce moment à jetter les fondements de la plus détestable *aristocratie*.

La Duchesse de Polignac qui perdait & regagnait alternativement ma confiance, jouissait à cette époque de ma tendresse; & connaissant jusqu'à quel point elle serait utile à nos pernicieux desseins, je l'accablai de faveurs : elle fut absolument initiée.

Nous la lâchâmes après les Princes, & cette lubrique courtisanne employa tout pour se les attacher ; il lui en coûta peu pour se prostituer : l'habitude en était contractée depuis long-temps, & la force de la vérité m'engage à lui rendre un éloge qu'elle mérite à si juste titre. C'est qu'une fois en possession de ses secrets appas, il était impossible de lui rien refuser. J'en ai quelquefois fait la dure épreuve.

Elle ne tarda donc pas à amener à nos comités secrets, non-seulement les Princes du Sang Royal, mais encore les Nobles Seigneurs de France, quelques membres épars du Clergé, *des lâches obligés*, & par son moyen, nous fîmes une admirable recrue.

Nous commençâmes alors nos conférences, & à huit clos nous formâmes le plus horrible plan.

D'une voix unanime, je fus nommée chef de cette affreuse conspiration. D'Artois, mon Lieutenant ; la Polignac, mon Aide-de-Camp ; Condé, Conti, Bourbon, nos Conseillers, & le reste opinants. Les articles de ce projet sont trop intéressants pour les passer sous silence ; je vais en donner le détail, suivant l'ordre qu'ils ont été dressés.

ARTICLE Ier.

Le plus horrible ferment que la rage puiffe inventer, fera prononcé avant de procéder en aucune maniere aux conventions des faits, & la mort fuivra de près la plus légére tranfgreffion....... *approuvé.*

ART. II.

Ayant toujours eu pour le Sang Français une horreur invincible, & dans lequel j'aurais voulu me baigner à loifir, chacun des Membres de cette honorable ligue emploiera les moyens les plus sûrs pour en faire couler des flots....... *approuvé.*

ART. III.

Chacun des Colonels ou Commandants des Troupes de Sa Majefté réunira tous fes efforts, pour s'affurer des Chefs fubalternes des Régiments en leur puiffance, fans cependant leur donner une parfaite connaiffance de nos deffeins, afin qu'ils difpofent leurs Soldats à une obéiffance aveugle.

ART. IV.

Le Prince Lambefc, ici préfent, s'obligera à nous affurer que fes Allemands, fur lefquels il a tout pouvoir, nous donneront jufqu'à leurs derniers foupirs, des témoignages d'une inviolable fidélité.

ART. V.

Nommons pour Généraliffime de nos Troupes, le Maréchal de Broglie, & lui ferons fur le champ prêter ferment en cette qualité.

ART. VI.

Ces articles établis, chaque Prince du Sang Royal, dès cet inftant travaillera de fon côté à s'affurer des créatures, & à leur infpirer des fentiments de haine & de fureur pour la Patrie.

ART. VII.

Profcrivons le Duc d'Orléans, comme populaire & rebelle à nos intentions.

ART. VIII.

Comme on ne doit rien décider à la légere, remettons à la pluralité des avis fecrets de notre comité particulier, à prononcer fur les perfonnes qui ont en main l'autorité royale.

ART. IX.

Le comité général fe tiendra chaque femaine, &

le particulier toutes les nuits ; en le changeant de place ſuivant l'occaſion.

Art. X.

Il ſera prononcé un ſerment ſolemnel, qu'au premier ſignal de la deſtruction, il ne ſera épargné perſonne, ſans diſtinction de parents, amis, ou autre conſidération particuliere ; nos amis exceptés.

Ces articles confirmés par la voie du ſerment. Je ne m'occupai plus, ainſi que mon Lieutenant, mon Aide de Camp, qu'à prendre entre nous des meſures particulieres pour diſpoſer du Trône à notre gré, en en écartant les rejettons, & à nous déterminer de ce que nous ſerions de nos complices après l'événement, qui ne pouvait tarder d'arriver, d'après l'intention que nous avions de confier le peuple Français, ce ſi bon troupeau, à des chiens enragés, en aveuglant le Paſteur juſqu'à l'heure de ſa perte. Breteuil avait cédé ſa place à l'ambitieux de Brienne ; par l'entremiſe de la cabale de la Cour, ce dernier avait pour Subſtitut à l'Archevêché de Paris, l'imbécille *de Juigné*, connaiſſeur en vins de Champagne, & ſtupide juſqu'à la méchanceté ; Necker faiſait de graves ſpéculations ſur le *déficit*, & prouvait éloquemment à la Nation qu'il était poſſible de le réparer ſans que lui-même en conçût les moyens. *Villedeuil*, notre ame damnée, avait paſſé de l'Intendance au Miniſtere, avec toute la logique des

Richelieu & des Saint-Florentin ; il fallait protéger les uns, détruire les autres : la calomnie, cette exécrable Déeſſe du crime, qui préſida à ma naiſſance, nous prêta ſon miniſtere pour exécuter ces abominables forfaits. Dans les intervalles que nous laiſſaient nos importantes occupations, nous aiguiſâmes des poignards, préparâmes des poiſons & attendîmes avec toute la tranquillité de francs ſcélérats conſommés dans le crime, l'inſtant heureux où devait ſe repréſenter le ſpectacle horrible dont la jouiſſance avait tant de charmes à nos yeux.

CHAPITRE IX.

Plaiſirs de Saint-Cloud. Travaux Miniſtériels. Mort préparée. Vie terminée. Et garre la bombe.

A ce moment où la Nation plongée dans un ſommeil léthargique, gémiſſait en ſilence ſur ſes pertes, dévorait ſes chagrins & n'oſait encore faire éclater ſa douleur ; je me repoſais toujours au ſein de nouveaux plaiſirs, de nos travaux criminels. Il y avait long-temps que je n'avais viſité mon acquiſition de Saint-Cloud, & conſommé des ſacrifices à l'amour dans ces voluptueux boudoirs conſtruits à tant de frais, & pour me ſervir de l'expreſſion Pariſienne, *du plus pur ſang des malheureux*. Je réſolus d'ajouter à ma barbarie, en travaillant à la cimentation de nos complots odieux, dans ces riches appartements que l'élégance a décorés.

A cet effet je voulus préparer ces entrevues en y donnant des rendez-vous à mon Adjoint en plaiſirs & en cruautés, à ce titre, chacun dira que c'était au cher beau-frere ; oui, ſans doute, on ne ſe trompe pas. C'eſt directement le cher beau-frere que j'introduiſis dans ce ſéjour enchanté, & que je renouvellai avec cet Adonis modelé ſur le corps d'Hercule, ces poſtures raviſſantes qui m'avaient tant de fois plongé dans le délire. J'avais quelquefois joint la Ducheſſe de Polignac à ces ſéances luxurieuſes, à ces voyages, elle fut de toutes les parties ; actrice de toutes ces ſcènes libertines, nos trois corps entrelaſſés formaient les groupes les plus rares & les plus intéreſſants. Enervés par nos plaiſirs, épuiſés de fatigue, nous n'y faiſions treve que pour inſulter à la miſere publique, & boire à longs traits dans la coupe du crime. Le breuvage qui la rempliſſait, nous préſageait que bientôt, à l'exemple de Caligula, nous y boirions le ſang Français, & dans leur propre crâne ; raffinement barbare dont l'antiquité nous a donné plus d'un exemple.

Les cruautés de Néron, Scilla, Louis II, Louis XIII, n'approchent pas de celles que nous méditions au milieu de ces infames proſtitutions. Nous liſions d'avance dans l'avenir les horreurs, l'incendie, le ſacrilege, le viol, l'inceſte, le parricide, la profanation, les touchants récits qu'on en ferait. Nous repaiſſions nos yeux d'une Patrie livrée aux flammes ;

des corps ſanglants & déchirés ſe préſentaient à nos regards, les peres & meres égorgés, les fils impitoyablement maſſacrés, les filles à qui la fureur du Soldat n'aurait laiſſé qu'un reſte de vie pour déplorer le raviſſement de leur pureté, les plus beaux édifices réduits en cendre, un Royaume fondé par la ſcélérateſſe, le deſpotiſme & la cruauté ſur les ruines d'une Monarchie détruite de fond en comble ...... O France! tel était le ſort qui t'attendait & l'eſſence du complot que nous formions au ſein de la débauche.

Necker, ce Miniſtre adroit, ce zélé réparateur des Finances, nous refuſait toujours le néceſſaire, comment faire en pareil cas? L'éloigner, me paraiſſait ainſi qu'à toute la confédération le parti le plus prudent; mais *Louis*, ce cher mari, cette *idole* de la Nation, ſe refuſait à cet acte de politique. Je connaiſſais le caractere de ce *bon Roi*, ſimple facile à ſéduire, religieux : or, il fallait ſe ſervir des armes que nous avions contre lui; employer le manteau de la Religion, me ſemblait le moyen le plus utile & c'eſt ce que je fis.

J'ai déjà déſigné M. de Juigné comme l'être le plus ſot, le plus imbécille, que je puiſſe rencontrer, mais comme de pareils perſonnages ſont ſouvent très-*entétés*, difficiles à dompter, c'était riſquer beaucoup que de vouloir l'admettre à nos conférences; cependant la néceſſité l'exigeait abſolument, & les confédérés ſouſcrivirent à ſon admiſſion.

Il fallait porter le grand coup, avant que de rien entreprendre; de ce grand coup dépendait la réuſſite;

la France avait un Dauphin, & de telle maniere que les chofes euffent tournées, l'héritier préfomptif du Trône y avait un droit exclufif. Or, il était important de l'exclure, la mort feule pouvait opérer cette grande œuvre ; il fallut bien s'y réfoudre.

Je l'ai déjà dit, je connaiffais parfaitement la recette de Catherine de Médicis, je fçavais à quel degré on pouvait difpofer de l'exiftence, & prolonger ou abréger la deftinée, fuivant la circonftance.

Cet *Embrion* Royal gênait toutes nos manœuvres, & quoique le fils commun des deux freres, le Duc de Normandie, exiftât alors, il était important de fe débarraffer d'abord du premier, quitte à fe débarraffer enfuite de l'autre, la voie était fi facile.

Je mis la main à l'œuvre ; je diftillai moi-même ces jus apportés de Colchos, par la fameufe Médée (1), fi communs à Paris, dont la *Brainvilliers* à fait ufage, & qui me garantiffait le fuccès de mon entreprife.

La conftitution du Dauphin fecondait mes vues : faible & languiffant, ne reffemblant en aucune maniere à fon pere que toute la France connaît par la diverfité de fes aventures, tant avec la *Contat*, qu'avec *Duthé* & mille autres proftituées de cette efpece, rien ne pouvait mieux faciliter mes deffeins ; j'adminiftrai d'abord une légere dofe afin de n'avoir rien à me reprocher ; je vis alors quelles précautions

(1) Empoifonneufe au premier chef.

j'avais à prendre par le ſuccès de cette premiere tentative.

Le Peuple aux premieres annonces de la maladie, commença, ſuivant ſa maniere, à raiſonner ſur les cauſes; mais les effets ne pouvant s'en démontrer, on juge bien que je paſſai outre; je redoublai la *potion*, & de ce redoublement, ſuivit ce que nous attendions depuis long-temps, la mort du *préſomptif*.

Il mourut donc enfin, le deuil ſe prit; c'eſt l'uſage. Je n'en continuai pas moins à ſuivre mon plan: je riais en moi-même des conjectures qu'on en pouvait tirer; ce n'était au fait qu'un apperçu d'homme de plus dans l'autre monde.

Le petit frere de Normandie exiſtait comme je l'ai déjà dit; mais celui-ci ne nous gênait pas pour le moment. Il était encore trop jeune pour qu'on en puiſſe concevoir de l'ombrage; d'ailleurs il était toujours temps.

CHAPITRE X.

La cabale fait de nouveaux progrès. L'imbécile ſe montre. Un autre ſuit ſon exemple. Juſqu'à préſent tout eſt au mieux.

Suivez, ô vous qui lirez ce détail, le tiſſu de cette trame, & vous tomberez d'accord que ſur la terre il n'était pas poſſible qu'il exiſtât un monſtre auſſi dénaturé que moi. Je faisais consister ma gloire à m'avouer la plus abominable des créatures ; & déjà toute la France en était convaincue.

La cabale, ainsi nommions-nous notre exécrable confédération, grossissait tous les jours, & le moment funeste de l'exécution que nous nous proposions, était près d'arriver. Ce qui le retardait, était la grande confiance que le Roi avait au Ministre Necker; il fallait donc l'éloigner ou s'en défaire. Nous procédâmes au premier de ces deux partis, nous réservant de recourir au second, en cas que la premiere tentative soit sans effet.

Le très digne Archevêque de Paris me parut très-propre à jouer un personnage dans cet acte si contraire aux intérêts français ; nous commençâmes à nourrir son espoir, & à flatter son ambition. Du moment que nous le crûmes au point que nous le desirions, je me chargeai de lui expliquer nos intentions.

Eh quoi ! dis-je, à ce Prélat, n'est-il pas horrible que nous souffrions à la tête des affaires un homme qui en contrarie les plus justes opérations ? Aidez-nous de votre Ministere, la Religion vous prête des armes; servez-vous-en pour écraser cette hydre qui nous maîtrise, & qui voudrait nous dévorer : vous seul pouvez vous servir de l'ascendant que la faiblesse du Roi vous donne. Vous le connaissez, servez-vous de cet extérieur imposant qui vous sied si bien. Nous osons tout en attendre, attendez tout aussi de la faveur & de la protection.

Ainsi embauché, ce cafard au ton bigot & hypocrite fut trouver mon époux, & sçut le prendre dans un de ses moments qu'il consacrait par tour à la dévotion. Eh quoi ! dit ce scélérat, ce tartuffe, vous êtes Roi, & l'irréligion regne conjointement avec vous ! C'est un *athée* qui, sous le nom d'un Roi chrétien, donne des loix à la France. Quel est le but que vous osez en attendre. Espérez-vous que la Religion, cette consolation des malheureux, favorisera cette perversité ? Craignez, craignez plutôt de voir tomber sur vous, sur votre famille, & sur votre peuple, l'effet de la vengeance du Très-Haut. Le voici *votre Dieu*, ajouta-t-il, en lui présentant un crucifix. Il vous ordonne, par ma voix, de proscrire ce mécréant qui perd la Nation, qui vous avilit dans l'esprit des Français, qui outrage le Catholicisme dans ses saints Ministres. Tremblez de ne pas obéir à sa voix, je suis son organe; craignez le sort de quelques-uns de vos prédécesseurs. Dieu est bon, mais sa miséricorde se lasse à la fin, & sa vengeance peut vous susciter des *Ravaillac* & des *Jacques Clément.*

Cet insolent discours eut tout l'effet que nous en attendions. Mon époux, effrayé de l'incartade de l'audacieux Prélat, crut déjà voir les foudres du Ciel tomber sur sa tête, & ne put résister aux mouvements de crainte qui le dominait. Il envoya demander le porte-feuille au Ministre, & lui fit injonction de se retirer sous vingt-quatre heures.

La fourberie, le bigotisme servirent donc à consommer cet acte affreux du despotisme & de la rage qui m'animait. Nous lisions dans l'avenir la réussite de nos exécrables complots; lecture mensongere, que les circonstances suivantes ont démentie.

Il s'agissait de faire changer de même toute la face du Ministere. Nous employâmes la plus basse intrigue pour y parvenir, & nous jouîmes de la plus douce satisfaction d'environner le Roi de fourbes, de scélérats & de méchants.

Breteuil, l'infâme Breteuil, reparut sur les rangs; Broglie, cet indigne Maréchal, ce Généralissime de nos Troupes, lui fut joint; Barentin, ce gredin, élevé à force de bassesses, fut aussi le Collegue de ces infâmes Ministres. Comment pouvions-nous craindre d'être trompés dans notre attente ?

J'avais d'autant moins lieu de redouter l'événement qui s'est réalisé depuis, que le Roi donnait moins d'attention que jamais aux affaires. *Foulon*, cet épais maltotier, l'avoit assuré que le bonheur public était hypothéqué à son Ministere. Son gendre, digne à tous égards d'appartenir à ce monstre; *Berthier*, l'honorable associé de nos forfaits, répondait au Roi de la tranquillité des Parisiens, & de la félicité générale.

Nos assassins enrégimentés, campés aux alentours de Paris, étaient disposés au moindre signal à fondre sur le Peuple, & à nous débarrasser de cette canaille abjecte que nous avions en horreur.

La Polignac, cette mégere qui m'était si fortement unie, mettait en usage tous les moyens nécessaires,

& cette méprisable ennemie du genre humain jouissait d'avance, ainsi que moi, du succès de l'entreprise.

D'Artois, mon cher d'Artois, se repaissait des charmes futurs de la royauté. Détestant le Roi, il attendait le grand jour qui devait le mettre en possession du Trône; l'Empereur, de son côté, soupirait après l'instant heureux qui depuis si long-temps était l'objet de ses desirs. Le glaive était suspendu sur toutes les têtes. *Lambesc*, ce vil Prince, provenu d'une race monstrueuse & fertile en traîtres & en assassins, pouvait à peine réprimer sa bouillante ardeur : Ses féroces Soldats attendaient impatiemment le signal de la destruction. Il se présentait à nos regards, & nous voyions avec délices en approcher l'événement; tout était au mieux pour nous.

CHAPITRE XI, & Conclusion.

Changement total. Les traîtres tremblent à leur tour. Amant perdu. Faux repentir. Preuve complette de méchanceté, de scélératesse & d'hypocrisie.

Le moment approchait où nous allions jouir du fruit de nos peines infernales, & punir les téméraires qui avaient osé blâmer publiquement mes criminelles amours. D'Artois avait déjà tenté de porter au Roi le coup mortel, & ce Monarque ne l'avait évité que par la prudence d'un brave Général (1), prévenu à temps par un de nos Agents; ce coup heureux assurait notre espoir. Mon époux, aux sombres bords, me paraissait bien mieux que sur le Trône; & si quelque chose eût manqué à mes desirs, c'eût été de l'y conduire moi-même en la compagnie de l'insouciant MONSIEUR, de sa chere épouse, & de mon autre bégueule de belle-sœur.

La veille de cette exécution sanguinaire, je jouissais de tous les charmes de l'espérance; j'en savourais les délices dans les bras du beau-frere & de *ma bonne* de Polignac, quand l'imprudent *Lambesc*, ou plutôt la providence qui voulait arrêter le cours de nos barbaries, vint au secours d'un peuple que nous voulions détruire.

Ce lâche bourreau national, aussi cruel que nous, mais moins politique, porta le premier coup, & par cette imprudence, mit obstacle aux succès de notre crime. Le malheureux, que n'est-il au fond des enfers! c'est ce lâche qui est cause que je suis condamnée à une honte éternelle & à l'ignominie, à moins que le sort heureux ne renoue ce tissu d'abominations & ne nous replace au haut de la roue de fortune, d'où la promptitude de ce coquin nous a fait descendre.

---

(1) Le Comte d'Estaing, si connu par son zele patriotique, & dont les fautes ne sont applicables qu'à ses Commettants.

TESTAMENT

DE

MARIE ANTOINETTE,

VEUVE CAPET;

Et détail de tous les circontances et particularités qui ont précédées, accompagnées et suivies l'exécution de cette femme abominable.

Peuple! que ton pouvoir est grand et redoutable!
Qui pourra se cacher au trait inévitable,
Dont tu poursuis l'impie au jour de ta fureur?
A punir les méchans ta colere fidele,
Fait marcher devant elle
La mort et la terreur.

HOMMES Français, Peuple Républicain, que le monde te donne le salut fraternel, que l'humanité entière élève vers toi le cri de la reconnoissance; tu as purgée la terre d'un monstre qui en étoit l'horreur! Cette femme exécrable que l'odieuse maison d'Autriche avoit envoyée parmi nous pour satisfaire sa haîne, sa soif ambitieuse &

nous plonger dans un gouffre de calamités, cette furie infernale qui ne demandoit qu'à se baigner dans le sang Français, Antoinette enfin, cette Messaline sans vergogne, cette nouvelle Fredégonde, tu viens, par un supplice infâme, de la plonger dans la nuit de la mort, tu lui as fait expier sur l'échafaud ses longs attentats contre ta souveraineté, ses dilapidations, ses cruautés, & le scandale que sa corruption, son libertinage effrené ont donné tant qu'elle a vécu.

En faisant tomber la tête de Louis Capet, son *digne* époux, peuple! tu n'avois encore fait qu'une demie justice; le tyran Autrichien se flattoit déja qu'il t'en imposoit assez pour te forcer à t'arrêter au milieu de tes vengeances, & à devenir timide lorsqu'il s'agiroit de punir sa parente & sa complice; il pensoit que lorsque ses satellites, (espoir orgueilleux & vain d'un despote imbécille) auroient triomphé de nos invincibles Républicains, nous serions assez lâches pour nous abaisser à nous faire un mérite auprès de lui d'avoir conservé Antoinette, & que nous serions trop heureux en la lui rendant, d'accepter une paix honteuse. Mais que l'esprit & le cœur d'un tyran sont peu propres à concevoir le caractere énergique, fier, grand & juste des vrais Républicains, puisqu'il les peut croire un instant capable de composer avec les principes de s'arrêter à des considérations quelconques pour embarrasser la marche ferme et impassible de la justice! Toutes les puissances de l'Univers réunies ne seroient point parvenues à sauver la veuve du dernier tyran des Français, puisqu'elle étoit coupable: la loi chez un peuple tel que le Français régénéré est plus forte que tous les mondes réunis qui gravitent dans l'espace.

Or, quel seroit l'homme, même le plus fanatique de la royauté, qui oseroit nier que la justice et la loi eussent décidé le jugement porté contre Antoinette? N'a-t'il pas été constant et prouvé que c'est-elle qui a ruiné nos finances, en faisant passer à son frère tous les deniers de l'état, les fruits des sueurs du pauvre, pour que ce tyran pût solder les armées qu'il destinoit à nous faire la guerre, et pour qu'il ne nous restât aucuns moyens de lui résister? N'a-t'il pas été constant et prouvé que c'est-elle qui n'a cessé de conseiller son mari et de le précipiter dans la mer immense de trahisons dont nous avons été les victimes? N'a-t'il pas été prouvé que c'est-elle qui a cherché à affamer le peuple par la disette du pain, en accaparant ou faisant enfouir les grains? N'a-t'il pas été prouvé que c'est-elle qui étoit l'ame de toutes les conspirations contre la liberté, qui excitoit, soudoyoit les libellistes contre-révolutionnaires, les mouchards, les assassins des patriotes, qui soutenoit les sociétés, les conciliabules anti-civique, qui, enfin, entassoit machinations sur machinations pour perdre à jamais la France? N'a-t'il pas été prouvé que c'est-elle qui a été l'auteur des protestations de Louis Capet contre la constitution, et de sa fuite à Varennes? N'a-t'il pas été prouvé que c'est-elle qui depuis a toujours été la régulatrice des conspirations du traître Lafayette et des renégats de l'assemblée constituante? N'a-t'il pas été prouvé que le massacre du Champ-de-Mars, celui de Nancy, qui l'avoit précédé a été son ouvrage? N'a-t'il pas été prouvé que c'est-elle qui a animé son mari à faire égorger le peuple Français le 10 août 1792, et qui a fait tous les préparatifs de cette journée, qui enfin a décidé du sort du peuple; qui a eu une issue bien diférente de celle que les conspirateurs espéroient; qui a précipité ce monstre et son époux du faîte de leur puissance usurpée, et qui, pour jamais, a détruit le royaume des feuillans.

Non, personne ne peut nier que ces crimes ne soient prouvés avec la derniere évidence. Aurions nous donc été républicains si nous avions eu le moindre ménagement pour une criminelle aussi atroce, si des considérations d'une politique pusillanime avoient pu étouffer la voix de la justice? Qu'auroient dit de nous les nations auxquelles nous voulons servir de modèles? N'auroient-elles pas été fondées à dire que semblables à ces charlatans sacerdotaux qui prêchoient le renoncement à tous les biens périssables, tandis qu'ils nageoient dans l'opulence et se gorgeoient de voluptés et de délices, nous cherchons à propager des principes que nous ne mettons pas en pratique ; que nous ne cessons de vanter les charmes de l'égalité, tandis que nous épargnons une coupable que le fer vengeur réclame, et que nous l'enlevons au supplice qu'elle mérite parce qu'elle est la tante d'un homme qui se dit *roi*. Oui, citoyens, les nations, la postérité auroient eu droit de nous faire ce reproche, et, dès ce moment, tout espoir de régénérer le genre humain auroit été perdu pour nous. Mais vous avez fait ces réflexions, et quand la marche ferme de la justice n'auroit pas été commandée, dans cette circonstance, par vos principes, elles vous eussent engagés à la suivre.

D'un autre côté, si les peuples que les prêtres et les tyrans retiennent encore dans l'ignorance et dans l'esclavage sentoient quel service vous leur avez rendu en faisant tomber la tête d'Antoinette, combien d'actions de graces ils vous en rendroient! N'est-ce pas cette furie destructrice qui a fait déclarer la guerre, n'est-ce pas elle qui est cause que l'Europe entière est en feu? Des millions d'hommes depuis deux ans, ont été égorgés, parce qu'il existoit en France une femme méchante pour laquelle la fumée qu'exale le sang humain répandu à grands flots étoit un parfum délicieux.

Donnons à présent au lecteur le détail des circonstances qui ont précédé & accompagné le supplice de cette femme dans laquelle tous les Français voyoient, à si juste titre, leur plus implacable ennemie.

Pendant son interrogatoire, elle n'a cessé de

montrer l'audace du crime enraciné. Ses réponses ont toujours été sur la négative. Simon, à qui son fils avoit été confié, entendu comme témoin, lui reprocha les habitudes impures qu'elle avoit données à son fils, habitudes qui ne tendoient qu'à développer en lui les semenses du libertinage & à rendre ses mœurs aussi dissolues que celles de sa mere. *Ceci part de trop bas*, repondit-elle, *pour que je daigne y répondre*

Bailly & Manuel l'ont beaucoup embarrassée par leurs dépositions. Avec ses défenseurs officieux, elle montra toujours la plus profonde dissimulation; elle s'échappa une seule fois, après avoir demandé à Chaveau de la Garde, l'un de ces défenseurs, s'il y avoit des preuves juridiques contre elle. Sur la réponse qu'il lui fit qu'il n'y en avoit pas encore, elle dit : *En ce cas, je ne crains que Manuel.*

Lorsqu'elle étoit sur le tabouret, le peuple qui étoit dans la salle d'audience, manifesta plusieurs fois le desir qu'elle se levât pour qu'il la vît mieux; son orgueil ce lassa de ces demandes, & elle s'écria avec une espece de transport de rage : *Le peuple sera-t-il bientôt las de mes fatigues?*

Son air arrogant, au moment où le tableau de tous ses crimes auroit du, en la dévorant de remords, lui donner la contenance de l'humiliation & du repentir, fit souvent murmurer ceux qui assistoient à son interrogatoire; des femmes plusieurs fois ne purent s'empêcher de se dire fort haut : *Voyez comme elle est encore fiere.* Ces mots qu'Antoinette entendit, lui firent dire à Chaveau de la garde : *N'ai je pas mis trop de dignité dans mes réponses? Le peuple m'en a paru mécontent*

Elle remît à Tronçon Ducoudray, son autre défenseur, deux anneaux d'or & une mêche de ses cheveux, pour une nommée *mademoiselle* Jari, demeurant chez *madame* la Porte à Yvry. Ce don a été remis au comité de sûreté général &, sans sans doute, ce comité s'est assuré de cette *demoiselle* Jary pour connoître les raisons qui la rendoit si chere à Antoinette.

Lorsqu'on lui eut lu son jugement, le président du tribunal revolutionnaire lui demanda si elle n'avoit aucune réclamation à faire. *Je n'en ai aucune*, répondit-elle. Et quand on la renvoya à la chambre de justice, elle descendit du banc avec bravade, ouvrit elle-même la balustrade, & ne parut affectée d'aucune manière.

Quand il fut question de la conduire à l'échafaud, elle demanda à y aller en carosse; cette distinction, contraire aux principes de l'égalité, lui fut refusée; elle demanda ensuite à avoir du moins la tête couverte d'un voile, ce qui lui fut également refusé.

A quatre heures et demie du matin, avant-hier vingt-cinquième jour du premier mois, le tribunal révolutionnaire avoit clos son procès, par la lecture de son jugement. Elle est sortie de la Conciergerie à onze heures et demie, et elle a été traînée à l'échafaud dans la même charrette que les autres condamnés. Elle étoit vêtu d'un simple peignoir blanc, et coëfée d'une bonnette avec un ruban noir. Sa figure étoit pâle et très-abattue, par suite d'une perte qu'elle avoit eue dans sa prison, plutôt qu'à cause de la perspective du juste supplice qu'elle alloit subir; car, jusqu'au moment de son exécution, elle a conservé une tenue, une fierté, un air altier qui la peint; elle tournoit tranquillement ses regards sur un peuple innombrable qui faisoit retentir les airs des cris de *vive la République!*

Arrivée à la place de la Révolution, ses yeux se sont fixés avec quelque sensibilité sur le château des Tuilleries. Un vieux confesseur, qui a voulu conserver, jusqu'au dernier moment, le respect que les prêtres ont si naturellement pour les tyrans, car il s'étoit assis derrière elle, et non sur le même banc, lui parloit sans cesse, mais elle ne paroissoit ni l'écouter ni l'entendre. La charrette s'étant arrêtée devant l'échafaud, Antoinette est descendue avec légéreté et promptitude sans avoir besoin d'être soutenue, quoique ses mains fussent liées derrière son dos ; elle a monté de même la fatale échelle avec bravade. Sans parler au peuple, elle s'est prêtée aux apprêts de son supplice avec aisance. Son exécution et ce qui en formoit l'affreux prélude n'a pas duré quatre minutes. L'exécuteur a montré sa tête au peuple aux acclamations répétées de *vive la liberté !*

Au moment où l'exécuteur a voulu la dépouiller d'un long mouchoir qu'elle avoit sur son col, elle a paru souffrir cette opération avec peine, et elle a voulu tirer ce mouchoir elle-même malgré les liens qui retenoient ses mains. Quand elle est tombée avec la planche de la guillotine sur son ventre, on a vu s'échapper de sa poitrine deux médaillons attachés à son col avec deux rubans noirs, l'un représentoit le portrait de Louis Capet ; l'autre celui du traître Lafayette, son agent & son favori sous tous les rapports.

Un fait que l'histoire doit recueillir et qui prouve que cette femme abominable avoit encore des fanatiques, est celui-ci : Dès que sa tête fut tombée, un jeune homme, forçant la garde qui entouroit l'échafaud, s'élança vers l'endroit où le sang de ce monstre abreuvoit la terre, et il y trempa un mouchoir blanc. La violence et l'action de ce jeune seyde le firent justement suspecter ; on l'arrêta, et l'on apperçût sur sa poitrine un médaillon sur lequel étoit peinte une fleur de lys et deux épées en croix. Le peuple vouloit que, sur-le-champ, sans plus ample information que cette preuve, on exécutât ce contre-révolutionnaire. Des officiers de la cavalerie et des aides-de camp l'entourèrent.

Il demanda à être préservé de la fureur populaire, et qu'on le mît en lieu de sûreté. Aussitôt un officier municipal parle au peuple au nom de la loi, lui représente que ce jeune homme peut avoir des papiers importans et des choses à révéler qui découvriroient des traîtres, que c'est à la j stice à ordonner son supplice, et que les magistrats en rendront bon compte aux citoyens; soudain, ce peuple que l'on ne cesse de calomnier a encore donné un démenti à ses vils détracteurs; il s'est rendu aux paroles de sagesse de son magistrat, il a crié: *oui, oui!* s'est rangé en deux haies pour laisser passer ce jeune conspirateur fanatique, qui a été conduit par un très-petit nombres de gardes, au milieu de deux cens mille hommes qui ont respecté leur magistrat et la loi.

Telles sont les particularités qui ont accompagné les derniers momens de cette femme que la France entière aura toujours en exécration. Tel est le seul testament qu'elle a fait; celle qui fouloit aux pieds les peuples malheureux, qui nageoit dans l'opulence et les délices, n'a pu laisser pour seul et unique leg que deux anneaux d'or et une mèche de ses cheveux. Tyrans! que cet exemple de l'instabilité des choses humaines vous serve de leçon, qu'il soit pour vous un avertissement du sort qui vous menace. *Vive la République!*

De l'imprimerie du Véritable Créole Patriote, rue Transnonain, ancien couvent des Carmelites.

www.ingramcontent.com/pod-product-compliance
Ingram Content Group UK Ltd.
Pitfield, Milton Keynes, MK11 3LW, UK
UKHW021109290826
14628UKWH00014B/1552

9 782329 561455